風水秘義

繼大師著

繼大師

風水秘義 — 繼大師著

目錄

自序──《風水秘義》

繼大師

風水造葬之法，不外乎「龍、穴、砂、水、向」五大法；法雖不多，但其中千變萬化，若要深研，恐怕窮一生精力，也未能全窺其奧。

「龍」是形容山脈最貼切之名詞，大地山川，變化不一，以龍作譬喻，最為恰當，山脈是山崗龍，平地之平坡是「平陽龍」，水流是水龍，又稱「平洋龍」，形態雖不一，但道理是相通的。

山脈由高至低，正如水向低流，只要得知山脈脈氣所止之處，就知道何處結穴，穴範圍小則結葬地，穴範圍大則結陽居；得地之靈氣者，事事暢順；相反得地之煞氣者，諸事不順；這些都與個人的福份有關。

在鄒廷猷編輯之《地理大全入門要訣》〈卷一龍法〉〈論幹龍〉有云：

「大抵幹龍真穴。雖是隱恠（恠 ＝ 怪）**。卻自顯異非常。……或為華表北辰。鎮居地戶……或**

金箱玉印。居於左右。…… 異於尋常。…… 迺（迺＝乃）天珍地秘。以俟有德。不可強求。」

故此得大地與否，更需要有大福德，方能受用；而學習地理風水，除要具備福德外，更需要有大智慧，遵從古法，訪尋明師，老實鑽研，腳踏實地，打好穩扎基礎功夫。

學地先從陽居結地入首，考察廟宇古蹟、皇陵帝都，後勘察明師卜葬之穴地，更須遵從明師之教導，不可心急浮燥，須知學地貪快貪多，必易走歧途，好好用心學習十數穴地，到完全明白穴之結構後，則天下所有龍穴，其原理都是一樣的，學風水地學，別無捷徑，唯須老老實實學習，則易快快捷捷成功。

本書是筆者繼大師隨恩師 呂克明先生老老實實地學習風水地理後所領悟之心要口訣，亦是師傳之心法秘義，現毫不吝嗇地公諸同好，故是書取名為：

《風水秘義》

是書內容可分為七部份：

（一）闡述風水原理、元運及與日課之配合等——風水之要素
（二）風水地學之主要骨幹——行龍之闡述
（三）風水地學之精華——證穴法原理
（四）影響風水吉穴之附近所有地物——砂法
（五）風水祖墳對後代盛衰之影響——尅應法
（六）師傳風水墳式及修補吉穴瑕疵秘法——修造法
（七）如何撰寫碑文——碑文數字吉凶法

風水地學，博大精深，這七個部份內容只不過是地學中的微塵吧了！雖說是微塵，也許有人窮畢生之力，亦未必參透箇中奧秘呢！

僅以此**《風水秘義》**一書，悼念恩師　呂克明先生昔日之悉心教導。

筆者繼大師在此聲明：若有人得明師教授風水，又修習此書而給人看風水，或將此書作為風水教科

書去教授風水，若能給人賜福，又守於正道，具有功德，則福德自享。

相反，若不得明師傳授，單看此書而給人看風水，令人得到災害，或騙人財色，又胡亂猜測去教授風水，則因果自負，與筆者繼大師無關。

寫一偈曰：

風水絕學非法術
範圍廣大難盡述
得師傳訣無捷徑
學地唯須腳踏實

繼大師寫於香港明性洞天
壬午年孟夏吉日
己亥年季春重修

（一）風水之義 ─ 風水原理詳解

繼大師

在堪輿學中，以晉郭樸著之《葬書》為經典之作，**《葬書》**最有名之句是：**「氣乘風則散。界水則止。淺深得乘。風水自成。」**

「風水」之名稱皆出自於《葬書》，在地面上有風而行，由風之移動，帶動水氣，積成雲雨，滋潤大地，生機始蓬勃。

長期沒有雨水，則大地乾旱，植物不生，大地成焦土，大石受熱，熱漲冷縮，變細石，長時間之下，就形成了沙漠，所以土地之生機受制於天氣，天氣之變化受制於地球、太陽及各大星球，是受制於天象也。故老子**《道德經》**云：

「人法地。地法天。天法道。道法自然。」

而風水上之真龍結穴，其好壞程度是受制於天氣及南北之地域。若北方之山崗龍結穴，多是高山大嶺，或穴受群山來朝，若該地域雨水少，則山多嶙峋，其山脈背或面之分野，在於受風向之影響而決定。

換句說話，龍穴之貴賤是受風向及雨水而左右，例如中國之南粵一帶，山脈向南多帶石而嶙峋，屬山之背，如香港獅子山及九龍城寨菠蘿山、鑽石山等，在未發展成城市前，嵯峨帶石，皆受南面帶海水之風所侵蝕。

香港新界西北部龍鼓灘及屯門公路一帶，山脈巉巖醜陋帶石，均是面向西及南，是山之背，若有結穴，穴多是較粗頑之龍穴結地。

港島中環至柴灣一帶向北之山脈，樹木茂盛，多是山之面，若有結穴，多是貴穴。因此山脈之向或背是受制於風向及雨水，故用「風、水」去形容地之好壞是最恰當的。

若在一大片平地中，其凹處是水流所經之處，因水向低流，而水在凹坑中，由高處流向低處而出大海，水之流動帶動風之流動，若平地有湖、江、塘或池水，則水便停在湖中，待有支流由湖中流走為止，其原理是：

（一）水流流動產生風，水流則風流也。

（二）水流流注入湖中停貯不動，依附在水流中之風便不動，水停風便停。若明堂有湖，水流聚於湖中，則生氣亦隨水流凝聚其中。

此道理即**《青囊經》〈下卷〉**之意，經曰：**「地有四勢。氣從八方。外氣行形。內氣止生。乘風則散。界水則止。」**

蔣大鴻先師註解曰：「四勢之中。各自有衆。則八方之中。亦各自有氣。然此諸方之氣。皆流行之氣。因方成形。只謂之外氣。苟任其流行而無止蓄。則從八方而來者。還從八方而去。……所謂內氣非內所自有。卽外來流行之氣於此乎止。有此一止。則八方之行形者。皆招攝翕聚乎。此是一止而無所不止於此。」

此段文字，以筆者繼大師的見解是：

在自然界中，空氣流動而成風，以現代人來說，就是高氣壓流向低氣壓地區而產生風，陸地中吸熱快散熱亦快，海洋或大江大湖之水，是吸熱慢散熱慢，故此形成兩種不同氣壓，氣壓互相對流而產生風。故說：

「風從四方八面而來，又從四方八面而去。」

風之流動往往帶來大量雨水，在菲律賓對出之太平洋地區，是形成颱風最多之地方，有「世界風眼」之稱，颱風形成後，吹至陸地上消失。

而中國古代風水對於「風」之理解，就是大山大嶺能把風所阻隔，若風所不能干擾的地方，就是聚氣之地，雖不受風所干擾，但仍然有風之出入口。

古代風水明師以**「風乘氣散」**（風消失於空氣中），**「界水則止」**（有凹坑或水流把生氣蓄止著），作為風水之根本理論。山是黃氣，水是白氣，而黃白二氣主宰風水之吉凶。故蔣大鴻先師註解**《青囊經補註》曰：**

「氣之陽者。從風而行。氣之陰者。從水而行。」

風水之理論，就是山之氣及水之氣周流於地球上，要得山川之靈氣，就要懂得山脈地氣在流動時其脈氣所聚之處，聚處就是龍穴。若能得水之靈氣，就要懂得水流彎環屈曲之理，水流之形態能令地氣停貯在一處，就是平洋結地，即是水龍結穴之處。

若能懂得天地山川靈氣所聚之處，則自能邀福，這關係到自然界中的東西，就是：

地 —— 山脈之氣 —— 「地氣」

風 —— 流動之氣 —— 「生氣」

而在地上的結穴，因有地氣凝聚，地有暖氣，故屬火。在佛教教義中，人身是四大假合而成，即：

地——人之肉體。

水——人體內之血液及水份。

火——人身體內之溫度。

風——人之呼息。若一息不來則沒有生命，故生命在一呼一吸之間。

人體外有三佰六十穴，而天地間亦有無數的風水靈穴，中國道家有一種說法是：

天地是一大宇宙

人身是一小宇宙

道家有天人合一修煉之方法，佛教密宗有本尊法之修煉，本尊亦代表宇宙之一份子，本尊法修成後，再將本尊歸空，即禪宗之直指自性光明，亦即是宇宙之本體。道家煉精化氣，煉氣化神，煉神還虛，與宇宙合二為一，則成真人也。

人之死亡，是「地、水、火、風」之四大假合分解，然後歸於空，物質消滅，佛教認為有六道輪迴之說，而天地間之風水靈穴，居然與人身有同樣之關係，怪不得古人謂：「**人傑地靈**」。

人類生於大地間，受風水地靈影響，不同地域則有不一樣之空氣、水土，亦有不同之民情風土，兩者息息相關，若能人法地，地法天，天法道，道法自然，自可消遙天地間，不受五行之氣所左右，豈不快哉。

寫一偈曰：

地水火風空
人身天地通
修煉借靈穴
不在五行中

《本篇完》

錄自　地理合璧卷五　黃白二氣說　繼大師圖　辛巳仲夏

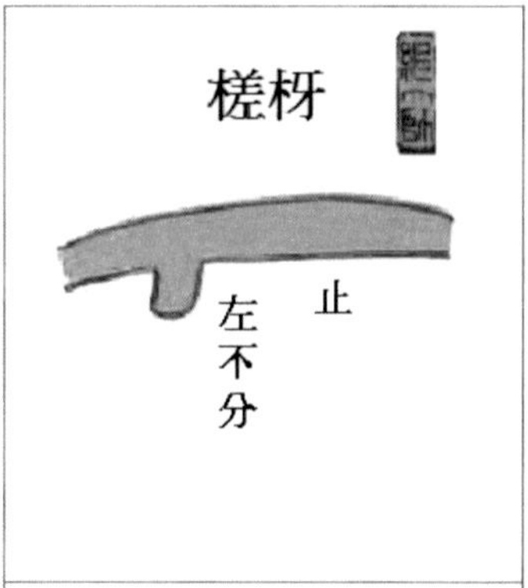

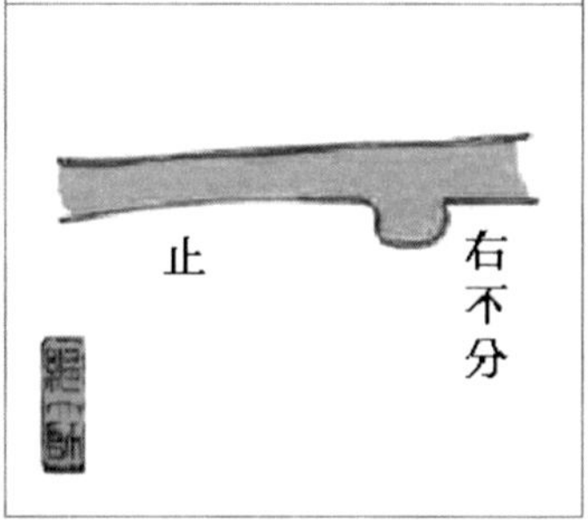

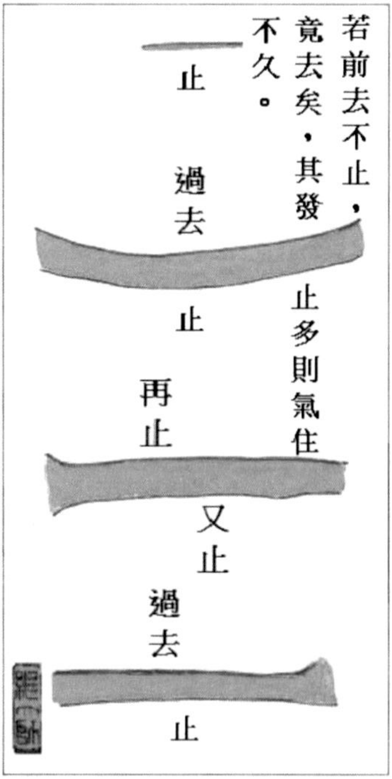

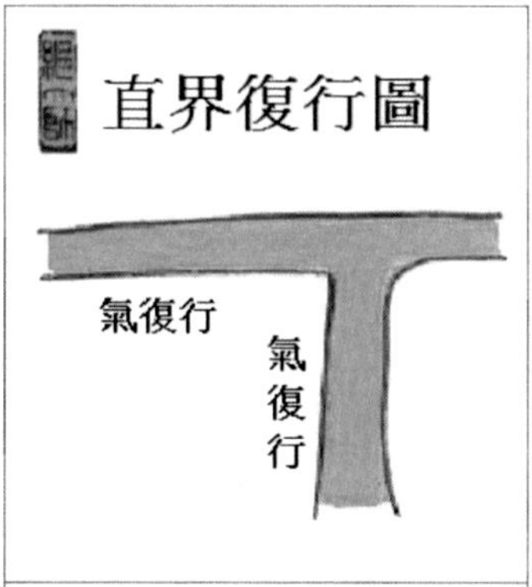

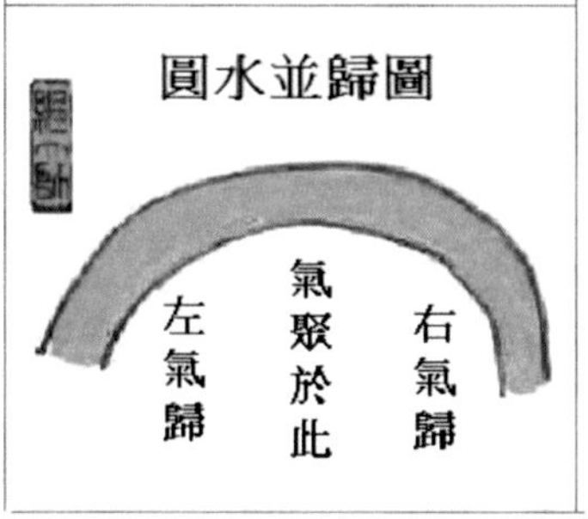

錄自 地理合璧卷五 黃白二氣說 繼大師圖 辛巳仲夏

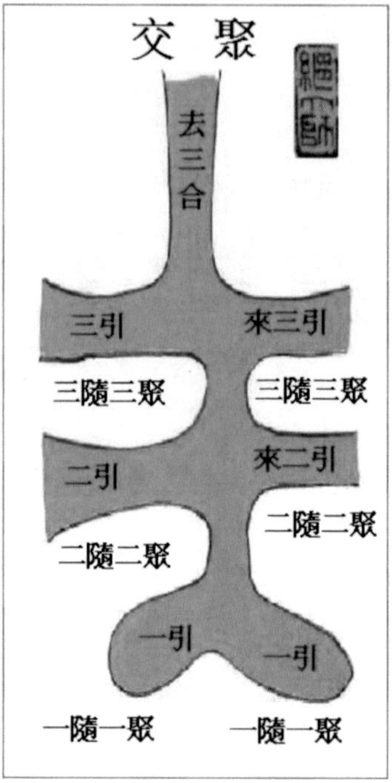

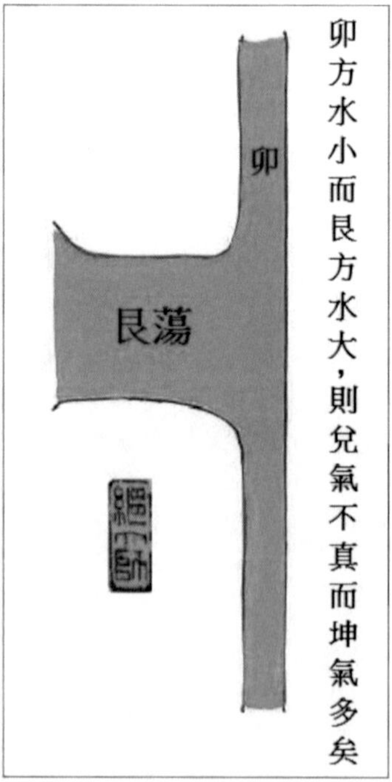

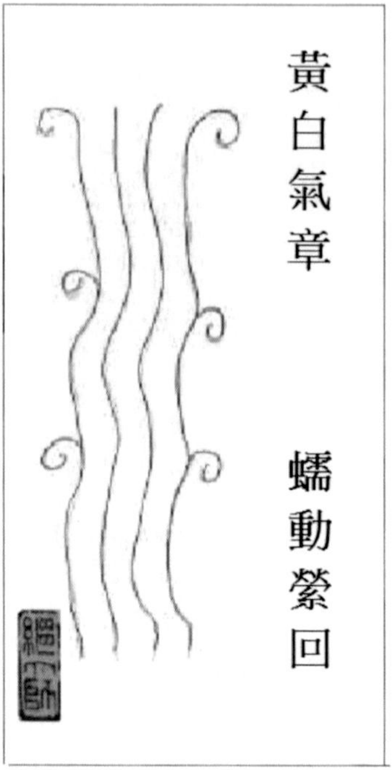

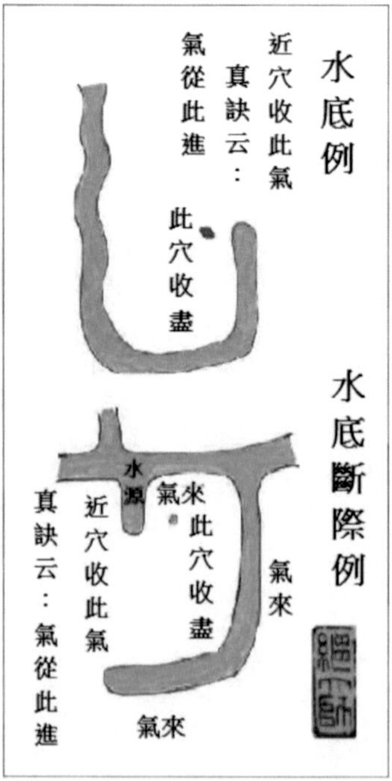

(二) 三元地理之元運計算法

繼大師

三元地理來由已久，自黃石公及楊、曾二公著述《青囊經》、《青囊序》、《青囊奧語》、《天玉經》、《都天寶照經》，都是堪輿學中三元地理之經典理氣書籍，至明朝蔣大鴻先師註解《地理辨正注》，把諸經剖析，更作《天元五歌》，《天元餘義》，又作《平砂玉尺辨偽》，以辨風水之真偽。

在此之前，風水之巒頭書籍很多，不論各家各派都以巒頭為重，唯獨理氣中之三元地理學問不寫於書上，只作個別傳授，直至蔣子註《地理辨正注》，始為世人所知，但書中只公開部份原理，至於用法口訣，仍然需師傳口授，傳心傳眼。

隨著蔣子所註解之《地理辨正注》一書出現，更有多家陸續增註，比較詳盡一些為《地理合壁》。

在《玄空秘本 ── 地理合璧》內，共八卷，(集文書局印行) 玆列如下：

卷之一《青囊經》補傳 ── 直解、續解。

卷之二《青囊序》補傳——直解、續解。

《青囊奧語》補傳——直解、續解。

卷之三《天玉經》補傳——直解、續解。

卷之四《都天寶照經》補傳——直解、續解。

卷之五《天元五歌》，《天元餘義》，《黃白二氣説》，《雜摘三條》。

卷之六《歸厚錄》附圖。

卷之七《蕉窗問答》附條注，《平地元言》，《范氏盤法諸説三條》，《挨星訣》附挨星辨。

卷之八。《七政造命法》，《選擇摘要》，《造命集要》附圖例，《選時斗杓》，《造命歌》，《渾天寶鑑》，

附《陽宅得一錄》。

之前亦有張心言地師再註解，改書名為《地理辨正疏》，將邵氏所得陳希夷之六十四卦方圓圖、挨星卦圖、四十八局等卦例列於書前，更將羅經卦運口訣補著於書上。

朱爾謨先生在此書後有感嘆之語，曰：

「世有青囊天玉寶照諸經。註者不下數十百家。閱之令人神倦。自蔣註出而目為改觀。迨張疏成而疑團為之頓釋。我不能盡世人而必其能信從之否也。然兩宮雜亂之處。兩儀差錯之地。去其太甚。切宜謹避。庶不枉張子（張心言）**一片婆心也。」**

三元地理真訣，歷代自古心傳口授，絕少公開其秘密於書上，即使公開，絕不會發行印刷，只傳給嫡系弟子，而弟子得書亦要兼得師傳口訣，加上個人努力方可得也。

蔣子在《地理辨正注》中之〈辨偽文〉中，自言用了十年時間始得真傳，以得所傳而偏證大江南北之名墓又十年，再精益求精而窮其變化又再十年，先後化上卅年時間在風水學問上，而年紀已老矣，而蔣子又云：

「然天律有禁。不得妄傳。苟非忠信廉潔之人。未許聞一二也。」

所以自古得真訣之三元地師，多秘而不宣，在同治甲子年間，三元地師馬泰青先生，因著有《三元地理辨惑》六十條，被風水愛好者抄錄廣傳，遂有讀此書之人，因感此書所論，前所未見，但覺內容半含半吐，因此造訪其作者，質詢為何是書稱辨惑而愈説愈惑於人，便想得知真訣。

誰知馬泰青地師説：**「你們想要與我作短暫談話，就想得到三元理氣不傳的秘密，取人財物者，謂之盜，你們真的想直接揭開我的肺腑！這是不可能實現的事！」**

他又説明元空真訣，有掌管造化之能力，如善人得之可邀福，是順天理，倘若惡人得之是逆天理，不敢為也；馬地師對其師父「李振宇」先生甚為尊敬，尚不能容易得到真訣，豈能在善惡不分之下而筆著真訣於書，之後更對客人説：

「先生讀我秘而不説的書，我情願受別人責備之罪，也不敢公開它的秘密。」

客人聽後，慚憒而去。正因爲三元地理元空之學極為秘密，所以知道的人不多，而馬地師在第65問中亦有如此之説：

「元空之學。可以挽回造化。必擇人而授。必擇人而用。則術者不得其門而入。不得不挾三合以求食。遂以詆毀元空為能事。俗人無知助之誹謗。而元空家懷不世之秘訣。方晦跡韜光。以避世俗糾纏。無心與之分辯。亦不屑與之分辯。」

以上所說，皆証明得元空真訣之難，但世事往往真假不分，不論何時何代均有偽術，今有偽訣玄空飛星口訣，大大流行於坊間，把真正之三元元空口訣混淆，而有：「坐空朝滿、城門訣、上山下水、反吟伏吟、飛星替卦、山星、向星、七星打劫、五鬼運財、挨星……」等口訣。

又有天元、地元、人元、上中下三元、什麼順飛逆飛、一卦管三山……等等名堂，與真正的三元理氣及紫白飛星口訣混雜其中，須知這些名堂全出自真正三元元空之學問，所謂元空或玄空大卦，是指時空「時間及空間」也。

筆者繼大師在此說出，謂玄空飛星是偽訣，一則必遭人唾罵，二則斷人財路，真不知該說不該說，今寫到三元地理之元運計算法一文，實與偽訣玄空之學有混淆之處，難辨真假，而術有真偽，偽法之產生可謂：**「術不惑人而人心自惑於術也。」**

筆者繼大師現將三元元運計算方法述之如下：

上元一運 —— 後天北方坎宮☵為一運，先天為坤卦☷。

上元二運 —— 後天西南方坤宮☷為二運，先天為巽卦☴。

上元三運 —— 後天東方震宮☳為三運，先天為離卦☲。

中元四運 —— 後天東南方巽宮☴為四運，先天為兌卦☱。

中元五運 20 年，前十年歸四運管，後十年歸六運管，上元元運共 90 年運。

中元六運 —— 後天西北方乾宮☰為六運，先天為艮卦☶。

下元七運 —— 後天西方兌宮☱為七運，先天為坎卦☵。

下元八運 —— 後天東北方艮宮☶為八運，先天為震卦☳。

下元九運 —— 後天南方離宮☲為九運，先天為乾卦☰。

每運各管廿年。上元及下元元運各管 90 年運，上下元九個元運合計共有 180 年，稱為一個「小三元元運」。

在**《地理合璧》〈卷五〉〈天元餘義 — 附摘錄雜說〉**（集文書局印行，第 615 — 616 頁。）錄有蔣大鴻先生著的**〈九宮元運〉**內末段云：

「中元五黃運二十年。前十年寄四綠地。六白水。屬上元。後十年寄六白地。四綠水。屬下元。故此二十年分屬上下元。名為三元。實則止上下兩元耳。」

一般人是用「小三元元運」計算，一個首都、國家、皇帝宮殿、主要神廟等，則用「大三元元運」計算。這是很少人知道的秘密，筆者繼大師得 呂師所傳，得知大三元之元運，以 60 年為一個元運，是三個小三元元運之合數，即是小三元上元「一、二、三」元運，各管廿年，共 60 年就是一個大三元元運。

換句話說小三元上元「一、二、三」三個元運 60 年，小三元中元「四、五、六」三個元運 60 年，及小三元下元「七、八、九」三個元運 60 年，總數加起來 180 年，就是一個大三元元運之「上元」或「中元」，或「下元」之數。

大三元元運之上元「一、二、三」三個元運 180 年。

大三元元運之中元「四、五、六」三個元運 180 年。

大三元元運之下元「七、八、九」三個元運 180 年。

一個大三元元運以「上、中、下」三元加起來，就是整個大三元元運，共 540 年，以 60 年為一個元運，九個元運共 540 年，故有**「五百年必有王者興」**之說。

《本篇完》

三元年運表　**繼大師作表**

小三元	大三元	元運		小三元年運	大三元年運
上元	上元	一	☷	20年	60年
		二	☴	20年	60年
		三	☲	20年	60年
	中元	四	☱	20年	60年
		五	☱ ☶	10年 10年	30年 30年
下元		六	☶	20年	60年
	下元	七	☵	20年	60年
		八	☳	20年	60年
		九	☰	20年	60年

每一個小元運有廿年

每一個大元運有六十年

三個小三元運成一個大三元運

小三元一運

1504	1505	1506	1507	1508	1509	1510	1511	1512	1513
1684	1685	1686	1687	1688	1689	1690	1691	1692	1693
1864	1865	1866	1867	1868	1869	1870	1871	1872	1873
甲子	乙丑	丙寅	丁卯	戊辰	己巳	庚午	辛未	壬申	癸酉

1514	1515	1516	1517	1518	1519	1520	1521	1522	1523
1694	1695	1696	1697	1698	1699	1700	1701	1702	1703
1874	1875	1876	1877	1878	1879	1880	1881	1882	1883
甲戌	乙亥	丙子	丁丑	戊寅	己卯	庚辰	辛巳	壬午	癸未

二運

1524	1525	1526	1527	1528	1529	1530	1531	1532	1533
1704	1705	1706	1707	1708	1709	1710	1711	1712	1713
1884	1885	1886	1887	1888	1889	1890	1891	1892	1893
甲申	乙酉	丙戌	丁亥	戊子	己丑	庚寅	辛卯	壬辰	癸巳

1534	1535	1536	1537	1538	1539	1540	1541	1542	1543
1714	1715	1716	1717	1718	1719	1720	1721	1722	1723
1894	1895	1896	1897	1898	1899	1900	1901	1902	1903
甲午	乙未	丙申	丁酉	戊戌	己亥	庚子	辛丑	壬寅	癸卯

三運

1544	1545	1546	1547	1548	1549	1550	1551	1552	1553
1724	1725	1726	1727	1728	1729	1730	1731	1732	1733
1904	1905	1906	1907	1908	1909	1910	1911	1912	1913
甲辰	乙巳	丙午	丁未	戊申	己酉	庚戌	辛亥	壬子	癸丑

1554	1555	1556	1557	1558	1559	1560	1561	1562	1563
1734	1735	1736	1737	1738	1739	1740	1741	1742	1743
1914	1915	1916	1917	1918	1919	1920	1921	1922	1923
甲寅	乙卯	丙辰	丁巳	戊午	己未	庚申	辛酉	壬戌	癸亥

中元四綠入中

四運

1564 1744 1924 甲子	1565 1745 1925 乙丑	1566 1746 1926 丙寅	1567 1747 1927 丁卯	1568 1748 1928 戊辰	1569 1749 1929 己巳	1570 1750 1930 庚午	1571 1751 1931 辛未	1572 1752 1932 壬申	1573 1753 1933 癸酉

1574 1754 1934 甲戌	1575 1755 1935 乙亥	1576 1756 1936 丙子	1577 1757 1937 丁丑	1578 1758 1938 戊寅	1579 1759 1939 己卯	1580 1760 1940 庚辰	1581 1761 1941 辛巳	1582 1762 1942 壬午	1583 1763 1943 癸未

五運前十年歸四運管

1584 1764 1944 甲申	1585 1765 1945 乙酉	1586 1766 1946 丙戌	1587 1767 1947 丁亥	1588 1768 1948 戊子	1589 1769 1949 己丑	1590 1770 1950 庚寅	1591 1771 1951 辛卯	1592 1772 1952 壬辰	1593 1773 1953 癸巳

五運後十年歸六運管

1594 1774 1954 甲午	1595 1775 1955 乙未	1596 1776 1956 丙申	1597 1777 1957 丁酉	1598 1778 1958 戊戌	1599 1779 1959 己亥	1600 1780 1960 庚子	1601 1781 1961 辛丑	1602 1782 1962 壬寅	1603 1783 1963 癸卯

六運

1604 1784 1964 甲辰	1605 1785 1965 乙巳	1606 1786 1966 丙午	1607 1787 1967 丁未	1608 1788 1968 戊申	1609 1789 1969 己酉	1610 1790 1970 庚戌	1611 1791 1971 辛亥	1612 1792 1972 壬子	1613 1793 1973 癸丑

1614 1794 1974 甲寅	1615 1795 1975 乙卯	1616 1796 1976 丙辰	1617 1797 1977 丁巳	1618 1798 1978 戊午	1619 1799 1979 己未	1620 1800 1980 庚申	1621 1801 1981 辛酉	1622 1802 1982 壬戌	1623 1803 1983 癸亥

下元七綠赤入中

七運

1624	1625	1626	1627	1628	1629	1630	1631	1632	1633
1804	1805	1806	1807	1808	1809	1810	1811	1812	1813
1984	1985	1986	1987	1988	1989	1990	1991	1992	1993
甲子	乙丑	丙寅	丁卯	戊辰	己巳	庚午	辛未	壬申	癸酉

1634	1635	1636	1637	1638	1639	1640	1641	1642	1643
1814	1815	1816	1817	1818	1819	1820	1821	1822	1823
1994	1995	1996	1997	1998	1999	2000	2001	2002	2003
甲戌	乙亥	丙子	丁丑	戊寅	己卯	庚辰	辛巳	壬午	癸未

八運

1644	1645	1646	1647	1648	1649	1650	1651	1652	1653
1824	1825	1826	1827	1828	1829	1830	1831	1832	1833
2004	2005	2006	2007	2008	2009	2010	2011	2012	2013
甲申	乙酉	丙戌	丁亥	戊子	己丑	庚寅	辛卯	壬辰	癸巳

1654	1655	1656	1657	1658	1659	1660	1661	1662	1663
1834	1835	1836	1837	1838	1839	1840	1841	1842	1843
2014	2015	2016	2017	2018	2019	2020	2021	2022	2023
甲午	乙未	丙申	丁酉	戊戌	己亥	庚子	辛丑	壬寅	癸卯

九運

1664	1665	1666	1667	1668	1669	1670	1671	1672	1673
1844	1845	1846	1847	1848	1849	1850	1851	1852	1853
2024	2025	2026	2027	2028	2029	2030	2031	2032	2033
甲辰	乙巳	丙午	丁未	戊申	己酉	庚戌	辛亥	壬子	癸丑

1674	1675	1676	1677	1678	1679	1680	1681	1682	1683
1854	1855	1856	1857	1858	1859	1860	1861	1862	1863
2034	2035	2036	2037	2038	2039	2040	2041	2042	2043
甲寅	乙卯	丙辰	丁巳	戊午	己未	庚申	辛酉	壬戌	癸亥

<table>
<tr><td colspan="54">大小三元元運原理簡表
乙未年冬 重修
繼大師 表</td></tr>
<tr><td colspan="54">古云：伍佰年必有王者興　540 年　一個大三元元運</td></tr>
<tr><td colspan="27">270年 (大上元)</td><td colspan="27">270年 (大下元)</td></tr>
<tr><td colspan="18">小三元元運 180年 (大上元)</td><td colspan="18">小三元元運 180年 (大中元)</td><td colspan="18">小三元元運 180年 (大下元)</td></tr>
<tr><td colspan="9">90 年 小上元</td><td colspan="9">90 年 小下元</td><td colspan="9">90 年 小上元</td><td colspan="9">90 年 小下元</td><td colspan="9">90 年 小上元</td><td colspan="9">90 年 小下元</td></tr>
<tr><td colspan="6">上元
60 年
一</td><td colspan="6">中元
60 年
二</td><td colspan="6">下元
60 年
三</td><td colspan="6">上元
60 年
四</td><td colspan="6">中元
60 年
五</td><td colspan="6">下元
60 年
六</td><td colspan="6">上元
60 年
七</td><td colspan="6">中元
60 年
八</td><td colspan="6">下元
60 年
九</td></tr>
<tr><td colspan="2">20年</td><td colspan="2">20年</td><td colspan="2">20年</td><td colspan="2">20年</td><td colspan="2">20年</td><td colspan="2">20年</td><td colspan="2">20年</td><td colspan="2">20年</td><td colspan="2">20年</td><td colspan="2">20年</td><td colspan="2">20年</td><td colspan="2">20年</td><td colspan="2">20年</td><td colspan="2">20年</td><td colspan="2">20年</td><td colspan="2">20年</td><td colspan="2">20年</td><td colspan="2">20年</td><td colspan="2">20年</td><td colspan="2">20年</td><td colspan="2">20年</td><td colspan="2">20年</td><td colspan="2">20年</td><td colspan="2">20年</td><td colspan="2">20年</td><td colspan="2">20年</td><td colspan="2">20年</td></tr>
<tr><td colspan="2">一</td><td colspan="2">二</td><td colspan="2">三</td><td colspan="2">四</td><td colspan="2">五</td><td colspan="2">六</td><td colspan="2">七</td><td colspan="2">八</td><td colspan="2">九</td><td colspan="2">一</td><td colspan="2">二</td><td colspan="2">三</td><td colspan="2">四</td><td colspan="2">五</td><td colspan="2">六</td><td colspan="2">七</td><td colspan="2">八</td><td colspan="2">九</td><td colspan="2">一</td><td colspan="2">二</td><td colspan="2">三</td><td colspan="2">四</td><td colspan="2">五</td><td colspan="2">六</td><td colspan="2">七</td><td colspan="2">八</td><td colspan="2">九</td></tr>
<tr><td colspan="6">上元</td><td colspan="6">中元</td><td colspan="6">下元</td><td colspan="6">上元</td><td colspan="6">中元</td><td colspan="6">下元</td><td colspan="6">上元</td><td colspan="6">中元</td><td colspan="6">下元</td></tr>
</table>

244 264 284 304 324 344 364 384 404 424 444 464 484 504 524 544 564 584 604 624 644 664 684 704 724 744 764 784

784 804 824 844 864 884 904 924 944 964 984 1004 1024 1044 1064 1084 1104 1124 1144 1164 1184 1204 1224 1244 1264 1284 1304 1324

1324 1344 1364 1384 1404 1424 1444 1464 1484 1504 1524 1544 1564 1584 1604 1624 1644 1664 1684 1704 1724 1744 1764 1784 1804 1824 1844 1864

1864 1884 1904 1924 1944 1964 1984 2004 2024 2044 2064 2084 2104 2124 2144 2164 2184 2204 2224 2244 2264 2284 2304 2324 2344 2364 2384 2404

（三）陰宅造葬與擇日法之配合

繼大師

一般陰宅造葬時，是先有龍穴，穴若非真結，則必須無煞氣沖穴，這包括來龍煞氣，及穴前、後、左、右之形煞，其次是把穴定方向，須知有龍、穴、砂及水後，向就是一切之統攝，而立向之目的，其原理如下：

（一）向與坐山是相對的，即向東就一定坐西，這是不易之理，所以坐山與向度在三元卦理來說，一定是錯卦，又稱合十之夫婦卦，立了向度後便有坐山之線度，如是真結來龍之穴，則坐山必須與來龍配合。

（二）立向用以收取山巒及放出煞水，即生入尅出而定旺向，收旺峰兼收吉水是也。

所以立向是非常重要的一個環節，不可忽視之，據 呂師所說，立向好比電視之天線，接收強烈則看到清晰畫面，否則有雪花，而地師之造葬功夫，好譬有一道好菜，材料豐富，也需要好之廚師炮製，方能完美。

向一經定下，則要選擇良辰吉日以配合之，而擇日法有很多門派，而蔣大鴻先師則以天星擇日法，又以日月為主，即太陽太陰二星，在**《天元歌五章》**中有云：

「推原天地渾沌成。惟有日月是真精。金烏玉兔本一物。五星四炁從此生。人生稟受太陽氣。萬物皆是陰陽萌。聖人觀象演歷法。干支甲子作天經。五行俱是陽中氣。神煞何曾別有名。只將日月司元化。萬象森羅杜此心。」

昔日　呂師授與正五行擇日造命法時曾説，天星擇日法是一門很精細之擇日學問，因為在楊公時代之天體星辰距離現代久遠，天星宿度有所遷移，所以，天星擇日法有重新計算之必要，而太陽太陰二星，因近地球，所以沒有影響，因此，使用正五行造命擇日為主，而用太陽、太陰二星輔助，則尤為適合，而用正五行擇日造命法，亦有相應之事。

昔日　呂師與一友人擇日安葬父親，所擇日課為一九九五年乙亥年陽曆八月廿五日申時，日課四柱為：

乙亥　年
甲申　月
戊子　日
庚申　時

日課天干為天上三奇格局，地干子、申遨辰為半三合水局，坐山為丑山未向，天干三奇全到坐山而大吉也。

說也奇怪，山墳造下不久，約年半左右，福主即生下一男嬰，其生日為一九九六丙子年陽曆十一月十二日卯時，四柱八字為：

丙子　年
己亥　月
癸丑　日
乙卯　時

讀者們可留意其兩個四柱八字之關係，說也奇怪，造葬日課與男嬰之八字，其關係如下：

（一）日課為甲月合男嬰之己月（甲己合土）

（二）日課為戊日合男嬰之癸日（戊癸合火）

（三）日課為庚時合男嬰之乙時（庚乙合金）

這兩組八字之天干均月與月，日與日及時與時相化合，極之有趣，這正五行擇日造命法中，又是一個真實之好例子也，在《三元地理辨惑》書中，〈第八十問〉有云：

「避却太歲三煞歲月日時之空破。與化命祭主之刑沖剋害足矣。至若七政四餘選法。分恩用仇難。以為扶助趨避。楊公造命歌。備言其旨。而遠省僻縣。臺曆難致。精者甚稀。」

此段說明在擇日造葬時，要避開三煞、太歲，包括年、月、日、時之空亡及沖破，剋刑害洩等禁忌，而用七政四餘為扶助，而在陰宅造葬與擇日之關係中，其首要條件如下：

（一）沒有巒頭上之煞 —— 先有龍穴，是真龍結穴，或是平安穴地，在形勢上沒有巒頭砂水之煞。

（二）沒有玄空理氣之煞 —— 在立碑向上不可有失元之煞運。

以上之條件如能具備，始可用擇日法選擇良辰吉日，用以輔助吉穴，此乃時空與方位及地氣上之配合，而擇日為次要之條件，乃錦上添花之助力，而馬泰青地師有云：

「余遍考新舊名墓。以及村落墳厝。只據形勢理氣。以決禍福。無不瞭然。並不問其何月日時神煞吉凶。可見選擇之力。不敵二宅之形勢理氣……

但見世俗卜葬課單。置形勢理氣之真吉凶不論。專講日干之扶山補龍。扶之補之之法。夫墳永遠長久之地。惟形勢理氣是憑。

豈一日之干支。即扶補龍山。使之永長不替乎。余每為人扦葬。是吉地則用。是凶地則不用。只依協紀辨方。避刦刑沖尅害。葬於合運之地，無有不吉。」

馬地師是針對本末倒置之人，所以有感而發，筆者繼大師認為造葬在吉地上是首要條件，再加上選擇良辰吉日，加強福力是輔助，最好兩者不可偏廢。

寫一偈曰：

遷葬吉穴首為要
巒頭理氣吉星耀
擇吉相配兩相宜
福澤綿綿樂陶陶

《本篇完》

（四）龍身之格局 —— 取真龍之法及龍之變化剝換

繼大師

在山崗龍中，龍脈由高至低而行，脈之形態眾多，或長或短，或迂迴曲折，或直出而粗頑，眾多出脈之中，必有真龍在其中，取真龍之法，有以下之方法：

（一）眾龍長取其短，衆龍短取其長。眾龍低取其高，眾龍高取其低。眾龍異取其平常，眾龍平常則取其異。總要取其與眾不同之脈為主。

（二）真龍必有雙水界在左右，龍行水纏而從之。

（三）真龍必有左右護砂作侍從，或遠處左右有奴砂守護，如同主人出行，眾僕必隨而從之，以作侍候。

（四）真龍從中間出脈為主，以得祖山來氣為上，若來脈從祖山左右來為次之，但其左右一定有近或遠砂隨同而行，否則亦是假脈。

亦有一種龍，本身主脈左右開肢爪，爪若向後則表示真龍龍氣未止，仍繼續前行。若肢爪向前，則表示真龍將止，結穴定在不遠處。

龍身之格局有多種，筆者繼大師解釋如下：

（一）梧桐枝 —— 龍身枝腳均勻，左右肢爪平均，或送或迎，對節分枝作穿心之狀，形象梧桐樹之枝幹，故稱梧桐枝。

（二）捲簾殿試 —— 脈從真龍之祖山旁出脈，真龍氣脈在另一邊橫開肢爪，層層而下，是邊長護砂，配合主脈之枝腳。

（三）杞梓枝 —— 真龍枝節無交，其力輕，真龍主脈生出枝節出脈，一節左，一節右，左右輪流而出，像「之玄」之字，像杞梓之枝。

梧桐枝

捲簾殿試

杞梓枝

無枝腳

（四）無枝脚——真龍雖靈活，左右擺摺如生蛇出洞，似仙帶飄動，但本身無枝脚，要左右有護砂，始可算是真龍脈。

（五）楊柳枝——本身龍脈邊有肢脈，另一邊則無，形象楊柳枝，此龍偏枯，必須在無肢脈之遠方有奴砂護從方可，或是此方是來水方，則不忌。

（六）芍藥枝——此龍出身時本身肢脚長短不對，一左一右，左右護龍身，形似芍藥枝，左右肢脚先後對稱。

（七）兼葭枝——龍身同一節而左右生出肢脚，然後一左一右生出肢爪，先後出現，平均間中有一節相對。

（八）短枝脚——龍身出脈本身左右肢爪短而横小，勢不強大，形似短脚之蜈蚣，但行龍必須有左右兩脈直行隨之而守護，在兩傍作護衛方可作真龍身論。

（九）全偏式 ── 若龍身一脈弧彎而出，肢腳全偏於一邊，本身多不為真龍，是為別人之奴隸之砂，若有高峰在另一邊，或可作橫龍結穴。

（十）傍祖幛 ── 真龍出脈，除中間節節出脈外，在主脈之祖山峰處，有二脈左右環抱主脈而出，長長地守護整條真龍作護砂，直至結穴為止，真龍之外龍虎砂與主脈同出一祖山，其力量大矣。有云：**「一祖當千山。」**如人之奴隸，其護從雖多，不若祖宗之庇蔭及其福德之大。以筆者繼大師經驗，「玉女拜堂」穴之白虎砂便是傍祖幛。

亦有一種龍身，其山脈巍峨而帶石，主峰開始落脈時，龍身嶙峋而下，直至將結穴時，其穴星始幼嫩，此謂變化剝換，而發脈時帶嶙峋則不為忌。若龍身不具剝換而成幼嫩，則是惡龍而粗頑，尤忌在龍之過峽處為甚，切勿有粗頑大石在其中，惡龍則蔭出惡人，或是蔭出霸道之人，此點宜要小心。

所以真龍若出生身嶙峋，必須由粗頑變幼細，由老變嫩，由大剝小，像更換好之衣裳，又如蠶之退殼而生飛蛾，凶星轉化成吉星，以一剝一換為貴。

楊柳枝

芍藥枝

兼葭枝

短枝腳

傍祖幛

美惡不均，行龍缺乏青龍護脈。

行龍剝換變化結穴圖

行龍起伏曲折圖

在楊公著**《疑龍經》《九星變篇》**有云：**「凡觀一星便觀變。識得變星知遠近。遠從貪狼至破軍。玩盡龍樓生寶殿。……一博一換形不同。豈可盡言顧祖宗。君如識得變星法。千里百里尋來龍。」**

這段說明，若真龍脫變愈多，其行龍之體必長，龍長而具變化，則發福必定長久。經云：**「一代明堂二代穴。三代來籠節節高。」**香港元朗丫髻山出脈之龍所結「玉女拜堂」穴，其來龍頗長，這即此義。

而**「換盡龍樓生寶殿」**，即龍必是由高山山脈頂發脈而下，山脈頂有多個尖火形山峰，稱之為**「龍樓」**，若平頂闊而高聳日**「寶殿」**，此謂之貴龍之出身。

有一種龍，本身左右開肢爪，但並沒有護砂在左右隨行，此謂之孤獨龍頭。若左右極遠處有山群出現，則本身雖單獨，但亦可取用，這要視乎山群之高度而定。但這孤獨龍頭左右之遠山，並不是專為此龍而用，而是兼用的，在這情形之下，可作神殿佛寺。

楊公云：**「若是孤行無護衛。定作神祠佛道宮。」**

這**「孤行無護衛」**，並非指遠處之群山，是指龍行之中，其左右相隨之護砂而言。若孤獨龍頭所結是陰宅穴地，則出大修行之出家僧。

修行人若得地靈之氣相助，必能事半功倍。古時張良自卜壽穴，穴結山頂中間成一八葉蓮花法座，其八代子孫便蔭出張天師真人，為道家符籙派之一代宗師。這便是騎龍法座之大地理靈穴。

真龍出脈中之龍身，具多種變化，其格局何止十種，古人以方便說，用樹木花枝作形容，易於記憶。而學習尋龍，須參照古法，更須得明師登山親授，經時間煉歷，或可明白。最貼切之傳授方式，莫過於用砂盤堆砌龍穴，以作解釋，古人傳法，多以此方式傳授其入室弟子，此乃薪火相傳。而**「三年尋龍。十年點穴。」**相信此語不虛。

寫一偈曰：

龍身剝換起伏多
孤獨龍頭有幾何
聖賢仙佛從此蔭
尋龍點穴歲蹉跎

《本篇完》

（五）選取真脈龍法 ── 左右護纏証穴法（龍虎証穴法）

繼大師

山龍穴法，其變化不定，雖云真龍必有左右山脈相隨，但亦未必從龍之出脈一直至結穴入首，再到穴星（穴後之正靠父母山丘）都有左右護砂環抱，有時龍脈前去只有一小山丘，前面是一片平坡，中間略有零星小山丘，這種情形下，就是龍穴行將結穴，必須脫煞清透，然後龍氣始貴。

昔日恩師 呂克明先生教授 筆者繼大師龍法時，曾說過：「**真龍行度尤如帝皇，帝皇出巡必定前呼後擁，左右護衛，但若帝皇回到皇宮寢室，必然遣散身旁所有近身侍衛，以作休息。**」

這樣的比喻最為恰當，當龍脈脫煞清透後，結穴定在前方不遠處；有一些真龍在行進間，突然左右有水池或河溪相夾，此多是龍落於平田中，雙水護龍身，即如雙脈護衛，流水在低地行走，側旁之平田必高於流水，此水流則生氣，正是龍氣在平地或平田中行走是也。

所以楊公在**《撼龍經》**之初段說：

「此是平洋看龍法。過處如絲或如線。高水一寸即是山。低水一寸水回環。水纏便是山纏樣。纏得真龍如仰掌。」

所以，若真龍在脫卸時，龍身突然不見了，出現一片平田或平地，這時，若有兩個水池在平地中出現，這即是：**「水纏便是山纏樣」**，是雙水在平地中護著龍身而穿田過峽，這些水池可稱為「蔭龍水」，若在高山頂上出現，是名曰：**「天池」**，龍必貴無疑。

正如楊公在**《疑龍經》**云：

「高山頂上有平波。天地之水滿則溢。侍衛之水隨龍入。」

在平崗或山崗上的行龍，若兩山環合，中間略有低脈穿過，這樣龍脈必能得氣，側旁之兩山即是護纏之山脈。如**《疑龍經》**云：

「二山環合使人疑。不知龍自中央過。兩邊侍衛貼身隨。」

當我們得知真龍脈氣之特徵後，便可初步確認龍之真偽，但若多過三支山脈並行，或有五、七支同行，這樣，我們必須取其特異之脈，眾脈長時取其短，眾脈短時取其長，眾脈平常取其異，眾異取其平常。

總之真龍必有不同之處，有時一大撮山脈同行時，雖說是取中心而出之脈為貴，但亦未必，要視乎其大勢環境，以四正天心十度印証之，若眾脈彎曲，或左抱，或右抱，它必有其情，脈環抱左或右，必然對隔鄰山脈有情，亦以側旁之山脈為尊，在這樣細心推敲下，定能分出誰是真龍真脈。

在楊公著**《疑龍經》〈九問〉〈穴有花假疑龍如何〉**云：

「又有花穴無人知。龍虎外抱左右飛。蓋緣正穴多隱秘。或作釵鉗或乳垂。龍虎數重多外抱。龍上看虎左右歸。虎上見龍左右抱。或從龍虎上針之。不知止穴尚在內。凡是穴郛曲即非。曲是抱裏非正穴。請君以此决狐疑。」

此段之重點說明：

（一）衆龍脈（四條至十條不等）一同前進時，是互為左右龍虎山脈，每條脈之形態不同，或作垂乳之脈，或作鉗狀等，必須從遠處觀看，分別何脈彎向左，何脈彎向右，何脈是直去等。

（二）真龍結穴多隱秘，若衆同行之山脈中，有一脈或多脈是彎曲的，要看其勢之走法，若脈向左方彎曲，則其脈之左修山脈，必得其環抱，那麼其左方之山脈，多是真龍之脈，這是一般之看法，當然會有例外。

所以**「曲是抱裏非正穴」**，就是解釋曲脈並非真龍脈，它是為了保護別的龍脈，所以作彎曲之勢。

筆者繼大師在考察龍穴時，往往發現有很多墓葬在旁支脈上，而真穴多尚空置着，這意味着點穴之人，他們未能明白真龍之特徵，以致錯認龍脈而下穴。但是，雖然如此，但是並沒有犯上巒頭之煞，雖然點不着主脈，但主脈及鄰近眾脈，是可以作自己之左右龍虎砂，而四應之山俱在，並不是壞的，

選取真龍脈法

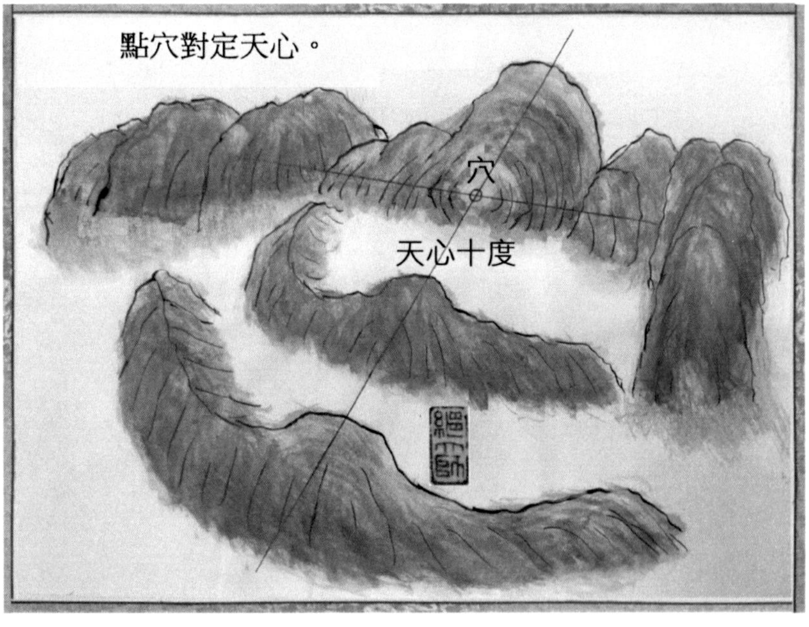

天心十度証穴法

漏胎之穴

但是，在其所點葬之脈上，其來氣一定不要長及硬直，否則，脈硬直而長，葬者後人多損人丁，因脈硬直而長便帶脈煞。

若點在彎曲之氣脈上，雖不致受硬直來氣沖煞，但宜小心，不要點在脈之彎曲處，曲處必有坑或成凹窩之地，葬下必犯界水，一犯水煞，後代多孤絕。

昔日 呂師在年青時，在香港新界元朗點有一穴，請他的父親觀看，呂父說出此脈不確，真穴應在隔鄰之脈上，兩者地點相隔二、三十呎，但龍脈不同，真穴自然有分別。自此之後，呂師對認脈之道，功夫漸深。

回顧筆者繼大師本人，在學習觀龍脈時，也曾誤認龍脈之真偽，後得 呂師指正，方明其中奧妙，相信每人在學習過程中，必有錯誤之經驗，方能成大器。

當我們得知真脈後，對於主脈之左右護纏山脈，必須細心察看，主脈氣止時，左右龍虎二砂須過穴而在左右環抱方可，這是左右纏護証穴口訣，若龍虎不抱，穴必漏氣，真氣不止，成了漏胎之象，漏胎是指本身主脈之穴，左右護脈短於主脈，抱不過穴位。

若穴成漏胎格局，則穴之左右遠處，最好有山脈守護，這樣之穴，雖非真結，但有時是可以取用的，但必須有以下之條件方可：

（一）本身主脈左右山勢不抱過穴，而左右外砂遠照守護，所應近代凶，而遠代吉，若葬遠祖是可以的，但要後代生人年份不可犯上穴坐向之干支（廿四山干支坐向）位上。

（二）本身氣脈一定要氣止方可取，即要穴前山脈落下放緩，有案山或朝山關欄，有氈唇平托，雖本身左右龍虎漏胎，但遠方有左右山脈守護，這是可以的，這只能說是穴的瑕疵，若再加人工修造及明師綫度，定可補穴之不足。

相反，若穴非漏胎，但主脈脈氣未止，雖四應山齊備，仍不可取用，這稱為「有脈無穴」，這必須對龍法及穴法有深入了解方可，而主脈之纏護是次要，但亦有其証穴法。

在《地理大全要訣》〈卷二穴法〉〈論纏護證穴〉有云：

「**纏護者。譬如貴人而有奴隸也。經云。護從多受到穴前。三重五重福綿綿。護從亦是有大小。大小隨龍長短來。《黑囊經》云。穴要有包裹。包裹穴無破。**」

這段之重點是：

（一）真龍必有左右纏護山脈，山脈愈多重則穴愈貴。

（二）左右護砂一定能包過真穴，若本身有左右侍砂，外纏包不過穴是「內真。外假」，正是穴之瑕疵。

（三）主脈之左右護纏山脈止，則穴便止，若左右仍去，則主脈之氣未止。

這些都是尋龍穴法之精髓口訣，不易得傳，寫即管是寫，但登山一看，便知龍與鳳。風水之學在於登山察脈，不在紙上談兵，須實地得明師傳心傳眼方可。

這「**左右護纏證穴法**」雖是珍貴，但只是眾多証穴法之一，穴必須全符合結穴條件方可取用，這証穴法是很重要的。

寫一偈曰：

真龍有護纏
龍虎須過穴
護砂停脈止
點穴真秘訣

《本篇完》

（六）直龍與橫龍 —— 鬼星釋義

繼大師

在山崗龍中，凡是真龍氣脈，必由高處行至低處，左右必有窩凹或淺或深之坑作界，在風水學上稱之為「界水」；界水之外，必有凸出之山脈隨著界水而行；若下雨，雨水必由窩凹之坑流注而下，在這樣之形態下，中間所行走之山脈，多是得氣龍脈。

風水學上之尋龍，就是尋找有氣之山脈；至於點穴，就是龍脈行走時，脈之流動，形成一種力量，我們觀脈氣所騍駐之處，就是風水上之「龍穴」，人將祖先之骸骨葬在「龍穴」處，以得地靈之氣而護佑後代子孫，這就是陰宅風水之學問。

在蔣大鴻先師所註解**《歸厚錄》〈坐向章〉**（即**《御極》**）一篇中有云：

「身雖已死。而元精尚有一毫未盡澌滅。潛伏天靈之內。一得天一真陽水炁灌注蔭養。天魂再生。死者不死。而子孫蒙其福澤矣。若悟此道。豈非迴骸起死。功侔（音謀郎等同之義）**造化者乎。**

這段是說明，人身雖死，還有靈魂不滅之理，骨骸若得水龍（平洋龍）之氣，則可福蔭後代矣，此雖說明水龍之力量，實與山龍之理無異。

在山崗龍法中，各山山脈是互連的，縱使脈落平地，平地亦有高低，氣脈在高處行走，脈絡如網狀，氣脈稍停之處，則是穴位。以山崗龍來說，穴多結於山崗或山丘之處，若龍穴之來氣是整座大山出脈，山峰相連，前後左右皆是，則脈氣必由山峰高處流向平地或近海湖之處，這與水向低流之理相同。

龍穴之來脈是山群之一部份，山群相連橫放稱之為帳，大帳中出脈，帳後又有山群相連，此是「直龍」，其特點是：

真龍後方來脈高，穴前低，其脈及左右護砂，均由一方走向相對之一方，而穴之前方是平地或臨海湖之地，其祖山龍脈與穴之距離頗有一定之長度，而護砂奴砂均重重守護，穴後高，且而層層下，行龍之枝爪重重，送迎之砂均有，其中山脈由粗頑變幼嫩，此即變化剝換，換句話說，祖山出來脈，脈直出而來，穴結氣脈所止之處，祖山在穴之正後方。此謂之「直龍」或「正」龍。

在【清】、袁守定著《**地理啖蔗錄**》〈**卷二**〉曰：「**直龍者。龍直來頂對來脈結穴也。**」

由於直龍來脈自祖山方向，故至穴星前之入首處，亦多與來脈相連，所以直龍之特點是沒有「鬼山」。

在【唐】楊筠松著之《**撼龍經**》有云：

「**龍奪脈時是鬼氣。鬼氣不歸龍上行。大抵正龍無鬼山。有鬼不出半里間。…… 問君如何謂之鬼。主山背後撐者是。**」

而「鬼山」是什麼山呢？「鬼山」即是「鬼星」，在穴星後方，故又曰「鬼尾」。「鬼山」與「鬼尾」，據筆者繼大師了解，兩者是有分別的，而「鬼星」是其統稱。在《**地理人子須知**》〈**卷五**〉〈**論鬼星**〉有云：

「**鬼星者。穴後拖撐之山。枕樂穴場者也。**」

「鬼星」之真義，筆者解釋如下：

太凡真結龍穴，必有山丘為近靠，是為山崗龍之「穴星」，這山丘後方，便是龍脈之來氣，若山丘後方有脈撐托著，且依附在山丘之背，便是「鬼尾」。若來龍由左或右方而來，穴結氣脈之邊，則穴貼脈而葬，穴後若有小山丘，且與穴脈分開，此山丘即是「鬼山」。不論鬼尾與鬼山，均稱鬼星。

至於「橫龍」之解釋，其來脈與直龍不同，若一方是群山高聳，其中行龍出脈，由高山落下，星峰磊落，剝換變化；但其脈氣不止於來脈所行處之正前方，而是止於來脈之兩傍處，且是貼脈而住。

若穴結在脈之左邊，則右方（即穴之後方）必有鬼山拖出鬼尾；相反，穴結來脈之右邊貼脈處，則鬼星必在來脈之左邊，亦即是穴位之後方。

由於橫龍結穴是從左或右方來脈，故必有後山作玄武為靠，或作「樂山」等，或有山丘在穴後，所以橫來氣脈結穴，必有鬼星作靠山。**《撼龍經》**有云：

「橫龍出穴必有鬼（指鬼星）**。送跳翻身穴後環。」**

此**「穴後環」**是指橫龍結穴之後方有山，山作順弓環抱穴場，這樣即成玄武有顧，是後砂有情，為**「孝順鬼」**。

除橫龍需要有鬼星外，若直龍來脈，但屬斜勢，祖山或父母是從穴之後側方來，穴不能得來脈後山為靠，這樣便需要鬼山護穴作靠，否則，多是虛花假穴。若然真龍逆轉而結穴，其鬼星原理均相同，龍若迴轉結穴，穴朝來龍祖山，這就是迴龍顧祖之格局。

《疑龍經》又云：**「兩水夾來龍必轉。逆轉之龍有鬼山。鬼山拖腳皆後環。」**

以上兩段經文，均是指鬼山要環抱顧穴，而直龍與橫龍，其分別除了在於是否有鬼星之外，其重點在於山與水行走之方向，水流則脈去，脈走則水纏，要觀群山在何方，海在何方，水向何方流，就可知真龍之來龍去脈。所以，除直龍及橫龍外，亦有：

（一）直龍中之橫龍 ── 幹龍直來，左右護奴重重，來脈到入首前數十節，即作橫轉之勢而作穴，此即是直中之橫。

（二）橫龍中之直龍 ── 遠祖山發脈而出，作橫龍之勢，作橫龍後又中間直出，走了數節或更多節始結穴，是先橫後直之勢，是為橫中之直。

以上兩種皆視乎祖山與來脈之大小而定，是從整個大勢觀察，亦是群山與來脈之比例，以此察看結穴之形態。山龍之勢，千變萬化，因山脈多變，所以稱之謂龍。龍之走勢，必須得明師在山上心傳口授方可，若懂山龍穴法，何愁大地不能尋覓呢！

堪輿之學，高深莫測，變化多端，非筆墨能形容，只能作最接近之描述吧！

寫一偈曰：

山龍多變化
直橫是一家
鬼星與流水
口訣是光華

《本篇完》

橫龍結穴圖

側龍結穴圖

直龍結穴圖

逆龍結穴圖

鬼尾拖洩

鬼尾短小

側龍結穴圖

雙金降水穴 — 橫龍結穴圖

（七）平陽龍釋義 ── 「開面」之剖析

繼大師

廣東及廣西兩省，其山脈地形不甚高，有平地，山丘及水流，故稱「兩廣丘陵」，其中所結之龍穴，大致可分兩種：

（一）山崗龍 ── 來龍山脈在山脊間行進，結穴在山丘頂，或結在山腰間。

（二）平陽龍 ── 是一大片平地上行龍，山阜為龍之踪跡，在一定範圍內之平地，其四週有高山圍繞，而穴結在平地小丘或山阜間，亦可稱為平崗龍，而平陽龍沒有高山只有平坡小丘。

以上兩種龍都是結在「山」或「平地多」而「水流少」之地方上，正是廣東一帶之地形，並不同於中國中原平地上之龍穴。

平地範圍愈大，如上海及中原等地，必有水流在其中，或大江，或大河，或湖或大溪不等，此等地形，則以水流為龍，稱為「水龍」，或可稱為「平洋龍」，而「平陽龍」與「平洋龍」之分別如下：

（一）「平陽龍」不同於「平洋龍」，但大致是相同的，因為全在平地上出現，有些研究風水之人士，在平洋龍之觀念上混淆不清，不能分別「洋」與「陽」之關係，「陽」是開陽之謂也，是平地小阜及在平坡上為主之結地，包括「平田」之地，以高一吋為山，略高出之平地，即是龍脈之所行處，因在平地上並不明顯，故很難察覺脈之蹤跡。

以低一吋為水，略低之平地，則水氣必在其中，下雨時，雨水在低地聚積而流，是界水止來龍之氣，不過此龍脈是在平地上行走，而不是在山崗龍脈上行走，但其行龍道理是一樣的。

（二）「平洋龍」是以水流為主，雖是在一大片平地上，但剛好與「平陽龍」之行龍相反，因「平洋龍」以水為主，所以低一吋為水，而這「真水」在這平地上行走，則無形之「水炁」必在水流之上，這水流不論大或小，不論江、河、湖、溪或內海外海等，其水流行處，生氣亦隨之，水流所止之處，真炁亦止於其中，這便是以水流為主之龍。

而水脈即「真龍」之血脈，而「平洋龍」即「水龍」，「平洋」二字，是出自唐朝楊筠松所著之**《寶照經》〈中篇〉**。內云：

「大凡軍州住空龍。便與平洋墓宅同。」

又曰：**「莫嫌遠來無後龍。龍若空時氣不空。兩水界龍連生竄。穴得水兮何畏風。但看古來卿相地。平洋一穴勝千峰。」**

這「平洋一穴勝千峰」，即是一大片平地及大江，大河及平湖之中，它所結之穴，是把一大片平地上之靈氣，盡收於結穴處之中，這是形容平洋所結之穴，是何等之大地也，並非真的勝過千個山峰，這要視乎山龍或平洋地所結穴之大小而定，不能一概而論。

在香港粉嶺平洋村一帶，其地形是平陽地之勢，五十年代或在早期之時，有很多在內陸平原一帶之地師，因政治變化，中國解放，因而南下香港，而在中原一帶生活之地師，他們大部份只懂得點平洋穴或平陽所結之穴，所以在南下香港之際，他們多不精於山崗龍之結穴法，而香港又不是平原江河之地，那麼他們只好點取「平崗龍穴地」。

昔日恩師 呂公克明先生，曾受聘重修數「平崗龍穴」，其結穴重點均是：

（一）墳穴葬在一突之山丘下 — 點這平崗地之地師，他們點穴之位置，大部份取兀立在平坡上之山丘下，是有靠也，山丘頂多種有大樹或竹樹，以增加墳穴後方靠山之力。

（二）墳穴多是逆局 — 由於山丘平坡下，多是低地，雖不是最低，但是其朝山多高於穴場，不論朝山或案山。因其高於穴，多必逆水來朝，而被墳穴所逆收，但面前最好有矮砂橫欄穴前，免有刑衝而尅穴，若然沒有矮砂，則最好中明堂處要略低，環抱而朝穴，這便形成「水聚天心」。

（三）墳穴朝向順局 — 若穴是順局，則面前必有略低之平地，這是水聚於明堂處而被穴所取用；但唯一之條件，是遠處要有羅城關欄，水口最好不見，或是朝砂重重，使氣聚難散，則順局又何妨呢！順局應遲發，逆局應早發，這是必然之理。

兩者之分別，在於穴與朝案之高低關係，不論誰高誰低，關欄之砂，一定要有，否則，結穴不成。

（四）山丘要開面 — 父母星辰要開面，開面則氣脈存，真氣必聚於其中矣。

周景一先生於**《山洋指迷》〈卷二〉**之**〈開面異同〉**云：

「或曰。五星九星。千變萬化。豈一開面盡之乎。抑開面亦有不同乎。曰星辰裒雖變態多端。而真假只決于開面。如貪巨武輔太陽太陰天財紫炁金水等吉星。不開面則凶。破祿廉文天罡燥火孤曜掃蕩等凶星。開面則吉。（繼大師註：凶星開面，雖有結穴，然而所蔭生之人大多凶惡，若有來龍星峯，互相尖尅則子孫叛逆，大凶矣。）

蓋吉凶不決于星體。而決于開面。況星辰之變。不可勝窮。惟開面自合穿落傳變之吉格。不開面則成粗頑破碎之凶龍。但山之開面隱顯橫偏。閃蠻深淺。大小多寡。特降牽連開肩與突窩鉗之不同耳。此而明之。雖千變萬化。無不了然矣。」（繼大師註：星體不開面，不能結穴，但並不表示一定粗頑或破碎，若具足結穴條件，始可成爲穴。）

讀以上文字，發覺並沒有解釋「開面」是什麼，只說星辰要開面，開面則吉，否則凶，又說粗頑破碎之星辰是凶龍，而變化又多，究竟這開面是什麼呢？

筆者繼大師在學習風水期間，常聽　呂師教誨，呂師常上引用**《千金賦》**之言曰：**「識星辰之開面。邊厚邊薄方是靈機。」**根據　呂師多年來在穴場上傳心傳眼之下，筆者繼大師現解釋「開面」如下：

大凡結穴，必有來龍氣脈，至倒頭一節，必有星辰，不論星辰是立體式、眠體式，或是單獨一個小山丘作父母山，或是父母星辰連接高山大脈而下，而一個接一個山形下謂之「頓跌」，要緩而不急地拋下，至結穴處之父母山，要闊而大，形以金星最好，太陽金或太陰金均可以，土星形亦吉，要圓淨端正為妙，雙金變水形亦吉，切忌火形而帶煞，若是直木形而下，亦不可過硬及夾長而來。

「星辰開面」，即是山形要略闊，兩邊分脈，中間之脈成一「个」字，頂要圓闊，若圓而帶木，亦要闊腳，中間之脈最好要有八字水在兩傍，要陰脈而下，侍砂微微包拱兩旁，此種現像要在同一個山上出現，始可作穴之父母山。

若是陽脈中落，便是窩凹而下，必受界水所傷，則穴結不成，亦不算是開面，此種開面現像多發生在來龍頓跌山脈一波一波而下之地，但亦會出現在小山丘上，開面之地，必須出現結穴之父母星辰，父母山要有「開面」之條件始可作穴，如果山之「開面」其脈不清澈，但亦無犯來龍煞氣，這可用「接脈氣法」造葬之，這就是古法中之十二仗法其中「撞法」是也。

若明白穴之結作法，則是「接脈」二字，這樣結作之穴，大部分是安金地，非真龍真結之地，這必須得明師在山上親授方可，還要用上三至五年時間始明其作法。

（五）龍虎峽耳山 ── 由於平崗地在平坡之上，或在「一突之地」上，或在矮小山丘下，所以一定要有龍虎二砂守護，有時，雖然「一突之地」上有內龍虎二砂，但真氣在穴中還是不甚聚，這必須在遠處或近處有龍虎二砂護穴。

由於平坡中之平陽穴地，其後靠不高，只是平坡或矮小之山阜而矣，所以「峽耳」大部份在遠處出現，這「峽耳之山」，便是穴場龍虎之外砂，使穴中真氣凝聚更甚，更具結穴之條件。

（六）水之流向 ── 因平崗地結穴在平地或平坡之上，少不免會有水流經過，我們要留意水流之動態及方向，切不可給穴造成傷害，「刑衝尖剋」尤甚，「水走砂飛」亦重要，切不可犯；總之，水要拱抱有情為主，逆水朝穴最好。

以上各點均非常重要，是筆者繼大師多年來之心要口訣，可謂全無保留地公開它的秘密，這世界上，真真假假的風水學理太多，這需要俱備智慧分辨之，當人們對風水有一定之認識時，便不致受人所騙。筆者繼大師把心要口訣之秘法公開，就是要讓讀者明白風水之理念，則真假自可辨之，亦不枉筆者苦口婆心地重述其理，但最重要的是：

先有大福份

後有吉地理

修福積善為要，當福報成熟時，在求吉地，始可得遇明師，此點最為重要，即**《千金賦》**開始之語，謂：

「嘗思地理之妙。乃天地所留。以待有德。亦前師所秘而不宣。」

不知讀者以為然否！

《本篇完》

平陽龍結穴圖

金形山落脈開面圖

土形山開面圖

金土形山開面圖

（八）龍之瑕疵及點穴法 —— 真龍結穴六種病

繼大師

在山崗龍穴法中，真龍之行度，必有護纏山脈相隨，真龍山脈行經之處，其結作之穴位，不止於一處，可結一至三穴不等。若在同一祖山大幛出脈，即一座大山橫放著，其範圍闊大，衆山峰相連下，山脈條條而落，其中必有真龍氣脈在。一般來説，在衆山脈中，只有一條是真氣龍脈，其餘是輔助之脈，但亦有例外。

真龍主脈，以中間出脈為貴，以迂迴屈曲為奇，以起伏高低為變化，以寬闊、緊窄及收放，決定龍脈力量之大小，龍脈之闊窄，即龍之「束咽過峽」，以山脈由粗頑轉幼嫩為剝換變化，方是真龍氣脈。

在**《地理人子須知》〈卷二上〉〈龍法〉〈論龍真假〉**有云：

「凡龍之真者。祖宗迴異。出身活動。其行度之間。或開帳穿心。或星峰秀麗。有橈棹枝腳。有起伏頓跌。有剝換轉變。有過峽束脈。有擺布攸陽。有屈曲奔走可愛之勢。及入首穴情明白。下手有力。

明堂平正。前案特達。四獸有情。水城水口。但合法度。皆天造地設。生成自然之妙。」

判斷了來龍之真假後，必須得知氣脈所止之處，這就是點穴功夫，穴場中有明堂，不論是否內、中、外明堂，只要明堂平正為吉，穴前有山水來朝，龍虎俱備，後靠高聳，水口有關欄等。有這樣之真龍結穴，雖未必是大地，但若得此等格局，其福德可真不少啊！

然而察龍之學問，範圍甚廣，除得明師在山上心傳口授外，還需花長久時間推敲思索，或許窮畢生精力，也未必能精通。在龍法之中，雖是真龍氣脈，但難免帶有瑕疵或缺點，有時是難以界定它的絕對真偽性，只把它的好與壞作比較，以作選取，若龍之缺點不大，而又可作人工補救的話，取用則無妨。

現筆者繼大師將龍穴有可能出現的瑕疵部份，列出如下：

（一）來龍出脈嶙峋帶石，硬突而露，嵯峨帶煞，惡龍之態也。

（二）來龍雖從大山大帳而落下，但非從中間出脈，即脈不是穿心而出，不貴也；或脈從中間出而沒有送迎之肢腳，主脈左右兩旁生出之餘脈謂肢腳，兩肢腳伸出抱著來龍之方謂之「迎」，兩肢腳背向龍身而反抱去脈謂之「送」。

龍之行度沒有送迎之肢腳，龍必孤單而無力，雖有左右奴砂護脈，本身亦缺乏之力量矣。

（三）行龍雖有肢腳爬行之像，但龍面或龍臂並不均勻，或左大右小，或右長左短，或反逆帶煞，或尖利、臃腫、醜惡，或肢腳拖扯而洩龍氣而不顧本來之龍身。

（四）來龍雖有高低起伏，而過脈無脈線，即山與山之間過龍之峽沒有氣脈相連，或懶散不明，或過峽處沒有左右護砂，以致風吹水劫，或腰長硬直，或斜出偏落不明，此是龍在過峽處之瑕疵。

（五）龍之剝換變化雖有，但非由粗至幼嫩，而是愈剝愈粗頑，龍之煞氣仍未化；或龍脈先低後高，低處長，高處短，穴在龍脈高處，或來脈先強後弱。

（六）龍脈雖有擺動，但軟弱無力，且有委靡之態。或龍脈雖有屈曲奔走可愛之勢，但左右護從之砂脈不周全，或有反背、壓迫之勢，或不顧主脈。

（七）龍行至將結穴處，即在入首之際，氣脈模糊不清，或下穴困難，甚至無穴可下，此是有脈無氣，定是假穴，或穴結在別處，這真是考地師之功夫了。高一分眼力，所點之穴則多得一分地氣，若點得不正，則吉穴定留待有福之人使用，這是：

「有福明師來入門。無福庸師帶禍來。」

（八）有等來龍雖真而與別脈不同，但穴星帶火形煞，或是頑金不化，不能開金取水下穴，或缺乏唇托兜止龍氣，此亦是龍穴之瑕疵。

（九）真龍作乳形結穴，但乳脈直硬臃腫，或有鉗闊開而直長，或有深窟深坑，或氣脈突兀而孤露懶散，或穴星雖有而飽硬、漲臃、峻急粗頑，或穴星頭面雖有下手砂脈，但直懶無情，或凶惡高壓，或帶石曜射穴，或低遠而無力。

（十）明堂雖有，但傾側破瀉，或直牽捲簾，或明堂長直剋穴。明堂若是真水，但牽鼻割腳，或反跳翻弓無情，或沖射穿箭。

（十一）穴雖有龍虎，但反走無情，或曲腰折臂，或高壓剋穴，或低軟無力，或是送水砂多，逆水砂少或無，下關無攔截之砂等。

（十二）穴雖有秀麗之朝山，但山之腳帶走狀，或肚突而迫穴，或穴面朝逆水而缺乏案山作擋砂，令逆水沖穴等。

總之，龍穴之瑕疵，無奇不有，「龍、穴、砂、水、向」五大要素，息息相關，五者必須配合，而五大要素中，以龍身為最重要，龍若不真，砂水更好，也是枉然。而龍穴之到頭一節，是決定的穴之處，當龍脈將結穴時而產生瑕疵，那就要小心點穴了，這就是龍之病態。

筆者繼大師現列出龍脈將結穴時所產生之病態，及點穴之竅門如下：

（一）龍在穴星中落脈結穴，而穴星不明顯，雖在中間落脈，但脈大扁闊，無收放之脈態，氣則易散，穴當點於脈之中間略圓之地，這要視乎砂水及氣脈之情而定。

（二）龍脈將結穴處，其脈粗大帶煞，是患氣急之病，穴當點於側旁，以閃其煞，即是粗脈之挨左或挨右，既要接脈，又要避龍脈急速之煞，眼力要高，方可為之。

（三）龍脈將結穴處，其脈大而裊長，是謂龍病之於氣緩，當在較急處作穴，以接脈氣。

（四）龍脈將結穴處，其脈大而短縮，龍脈是病於氣微，其氣脈微則穴作於脈氣較盛之處，這樣則使穴能緊接短縮之脈。

（五）龍脈將結穴處，其脈大而雜亂，或有數條細小之脈同時而落，穴則取於較奇特之脈上，

來龍脈大裊長

來龍脈硬狹直

來龍氣脈雜亂

來龍氣脈懶怛

取脈原則是眾短取其長，眾長取其短，眾特取其常，眾平常取其特，總之取其中一枝與眾不同之氣脈。

（六）龍脈將結穴處，其脈大而懶怛者，龍脈病於無收，脈無收則氣不束，氣不束則落脈不能放出，不能收放之氣脈，其力量微矣。這樣，穴要作在脈氣之止處，以「龍虎二砂、前朝、脈托」點取於的穴處。

以上各點是謂龍之病，下穴頗要小心了。

在【唐】國師楊佐先仙著之**《點穴大全》〈卷二〉之〈論平陽龍〉**中，有述說龍之病，雖是平陽龍法，實與山崗龍相同。

筆者繼大師列之如下：

「脉大扁闊者。病於氣散。當扣其弦。脉大粗雄者。病於氣急。當閃其煞。脉大梟長者。病於氣緩。當湊其急。脉大短縮者。病於氣微。當乘其盛。脉大亂雜者。病於無踪。當擇其特。脉大懶怛者。病於無收。當扦其總。」

其實龍之病非常廣泛，何止六種，不過是總括而言之，然而龍之瑕疵若無大缺點，且又可用人工修補，便可下穴，若缺點較大而無法修改，穴則棄之，否則得不償失。

寫一偈曰：

龍大自開幛
龍短運豈長
龍法廣如海
龍病是無常

《本篇完》

（九）龍穴之五患 —— 葬書之《五不可葬》 繼大師

筆者在學習風水期間，往往見有墳穴，造葬後吉凶齊應，大凡真龍結穴，往往有些少瑕疵，或來龍星頂矮，天柱星不高，或龍虎有缺，或龍纏惡水，或穴前水反，或穴朝惡砂 …… 總而言之，穴所帶之吉凶不一，若然缺點不大，又可用人工修改補救，則穴是可用，若缺點太大，則須放棄。

在陰宅風水之「龍、穴、砂、水、向」五大要素中，以龍之真為最重要。

在楊筠松先師著**《斷制粹言》**有云：

凡欲尋地何處先。龍為第一非虛傳。—— 尋龍點穴，以尋得真龍為第一。

第二更要觀水口。水口關闌氣脈全。—— 點得真穴後，以觀口水為要，因水口管局及管穴之元運。

除來龍重要外，穴前所見之出入水口亦重要，龍與水口是相對的，龍有龍運，水有水口之運，龍以旺為旺，水口以衰為旺，是合十卦運。若龍水不合，是謂交戰，多是假穴。

筆者繼大師在學習風水期間，見有一遊蛇地，葬下已近百年，原本政府開拓公路，路綫正好橫過遊蛇地後方之到頭一節。此期間，恩師 呂克明先生曾說過，此遊蛇穴地是得地氣，目前是當運，恐怕政府會讓步吧！

果然不久，政府將高速公路路綫略移後，繞過其來龍後方而行，這是穴向當運的結果；相反一些非真龍結穴而略得地氣之穴，既曾發過一時，但若行經煞運，那麼，多會遭到破敗之命運，或前山遭挖掘，或來龍氣脈被鋤斷，或開路而遭破壞，或開發新城市而迫遷，或開池鑿溝等等。

這種種情形不能全歸咎於龍穴砂水所行經之煞運，這當中正是時也、運也，非人力可為之，這就是命運。

《地理人子須知》〈卷四〉〈下穴忌〉其中有云：

「子曰：擇地先須避五患。須使他日不為道路、不為城郭、不為溝池、不為貴勢所奪、不為耕犁所及。又曰五患者：溝、渠、道路、避村落、遠井窰。」

這五患正是：

（一）穴場所在地是開發公路所經之處。

（二）城市、村邑之拓展範圍，正是穴場所在地。

（三）穴塲地域內開發水塘水庫或溝池。

（四）穴位被有權貴之人士所奪。

（五）因開發耕地使穴被破壞而移成平地，或是掘去穴星，或來龍氣脈被鏟平。

綜合這五患，無不與龍運有關，亦即是龍穴之命運，這當中不離人為因素、天時及地利。若以真龍結穴而言，而龍之本質有缺陷，亦不可葬，這即是：

（一）龍脈、穴及其範圍之砂是草木不生，是龍脈土質之缺陷。昔日 呂師與各同門及筆者繼大師考察江西興國縣時，發覺一部份山脈全呈現赤紅色，土脈寸草不生，若此等土質有真結亦不可葬。

（二）若來龍到頭數節或真龍氣脈範圍內，其中行龍山脈有斷，是自然之斷脈，或脈中有沙石流失，正是龍神乏氣之象，這不包括人為破壞因素。

（三）來龍氣脈之結穴處全是頑石，這表示行龍沒有剝換變化，龍帶煞而來，脫煞未清，或是行龍之過峽處是亂石，正是劍脊之龍，會沖尅點穴者，是煞師龍，必須擇以財局日課，洩其惡煞之氣；而結穴處全是石是不可葬的，因脈氣沿土質而行，石地沒有靈氣，是帶煞也。

雖不可葬，但亦有例外，若穴地附近帶石，但的穴位置泥土幼嫩，結穴條件齊備，又有太極暈，這是可以造葬的。

另一種是岩洞之結穴，可作修行用途，則屬另類之地，如江西廬山仙人洞，就是呂祖仙師修練成仙的地方，是結穴岩洞。

（四）若龍脈出自大山大幛，行到平地上出脈變化作穴，左右沒有護從奴砂，只有極遠處是山群作夾耳，此等龍穴，正是犯孤寡之煞，但又是真結之地，亦即是龍穴之缺陷。

廬山仙人洞結穴穴星

廬山仙人洞洞前案山

廬山仙人洞白虎砂

廬山仙人洞入口之青龍砂

廬山仙人洞結穴岩洞

仙人洞內的呂祖像

太上老君廟門之王天君像

仙人洞青龍方之太上老君廟

以上四大點要素，就是郭景純先師在**《葬書》**內之**《五不可葬》**也，其曰：

「童山不可葬（寸草不生之山）**、斷山不可葬、獨山不可葬、石山不可葬。」**

這是以真龍結穴來說，還有**「過山不可葬」**，此是龍脈之勢有止氣之象，但龍脈本身之山脈未完全停止，是名「過山」，此乃餘氣拖洩，是脈氣前走，此種格局，脈氣未止，既不是騎龍斬關穴，又不是腰結之地，這龍氣未止，所以「過山不可葬」之地，多是虛花假穴。

例如在香港元朗丫髻山下，玉女拜堂穴來龍之白虎方處，其落脈既真，四應齊全，唯獨是穴之龍方侍砂走洩，屬「過山不可葬」之類，正是「渴鳥飲泉」穴。但若依法修造，可改一時之勢，穴雖不真，但本身山脈，氣止於穴，是為穴之瑕疵，若不懂修造，決不可葬。這除修造外，亦要配合後代房份及年命，避免受穴所剋應，這就是筆者繼大師所提倡之：

「巒頭方位避煞法」，此法記載於筆者拙作之**「羅城凹峯及射穴之看法」**一文內，其避煞原理，用法與此相同。

除能分別龍之真與假外，亦要觀龍脈之土質，即是龍之骨及肉。有時龍真而穴具瑕疵，有時穴不真而砂水大吉，這需要小心決擇使用，風水是活的，不是一成不變，必須付出很大努力去確認它能否使用，一個決定，生死懸殊，可真要小心。

所以，穴之可葬否，要膽大心細，一定要明師親自登山傳授，細心觀脈察氣，來龍去脈，了了於心，定能清楚明白，這些學問比起尋龍點穴更難。因為，當學懂點穴後，必定懂得証穴之法，但是，能懂証穴之法，未必能確認穴之可葬否，穴有吉有凶，有先吉後凶，有先凶後吉，有凶吉齊應，吉凶亦不一，大地之法，高深難測，是絕學，非比尋常，真是學無止境啊！

寫一偈曰：

擇地避五患
天定人為難
地深不可測
了悟非等閒

《本篇完》

（十）墳式之種種 —— 天露消煞之原理

繼大師

十多年前，筆者繼大師隨恩師 呂克明先生與同門師兄姐十多人等，一同前往江西楊公廟，在考察期間，發覺江西之墳墓多是直立式，碑是貼著山坡之泥土上，碑文垂直，碑頂是圓金形狀，左右略平，墳墓沒有內圈，碑前有一小平地，沒有拜台，更沒有人工出水口，這便是江西墳式，如百花林之孫母墓。

在乙亥年年尾，筆者繼大師在梅縣考察風水古墳時，發覺梅縣之墳墓多是流線形，墳頭圓金形而略小，中間漸濶，墳腳左右均圓闊，至墓門間，連接拜台上之大圓金形人工唇托，在墳墓範圍與山坡間，它建有一大幅用人工批盪之三合土，順著山坡之勢而建造，是流線形，其顏色與墳墓無異，包圍着墳墓後半部份，像香港之斜坡護土牆，墳式特別。

在潮洲地區，當地人大部份是虔誠神佛信徒，在民間信仰中，風水亦是他們信仰中之主流，而他們的墳墓多是白色或淺色，大小適中，墳頂特別圓，很美觀，形狀是小金形在頂部，中間是大圓金，拜台、水口、墓門均有，而墓碑多用淺色大理石，有圓角，配上紅色字，墳中人名用綠色字，很特別。

墳頂之圓金形有很粗的石邊，其邊緊貼碑頂，內圈小而矮，接著是墓門，有石級至拜台，人工唇托有出水口，奇怪的是，潮洲墳式，其左右側旁之石屎邊位部份，作向外反弓之勢，為反手式，主離鄉，難怪潮洲人滿佈世界，向外移民發蹟之人特別多，論美觀，潮洲墳式一流，充滿純樸之古典味道。

在香港，一般陰宅造葬墳式，大部份屬於東莞墳式，其流行原於清末民初時期，墳頂是大圓金，俗稱「外圈」，墳頂中心點略高，墳碑在墳頂中心前面，在圓形小圈之中間，俗稱「內圈」，碑前小平地被內圈圍着，正中間前面是墓門，接着有數級石級，連接拜台。

拜台之下，便是人工子孫唇托，有突出約三、四吋高的石屎邊，半圓形地環拱墳墓，其中有孔，為出水口。墳墓從平面圖看來，是兩個不同大小相交之半圓形體，上一半（墳頭）之半圓形內又有小圓形「內圈」，以金形及土形為主，據 呂師稱，造葬之墳式，以東莞墳式最為有情。

江西式墳碑

江西三僚村墳式，虎形墓
葬者 — 曾玉屏地師（吾道公）

東莞墳式 — 坐式

東莞墳式 — 臥式

梅縣墳式

李光耀遠祖山墳

宋代墳式 — 王朝雲墓

潮州墳式

此外廣東省之墳式，以潮洲及東莞作主流，而萬變不離其中，有些墳頂有圓狀之波浪形，或有紅色之大圓形，仿太陽之照耀，有除去一切污穢之意喻。

偶見在惠州之墳式亦與潮洲差不多，但墳頂與碑頂距離略遠，約三、四英呎不等，外形略帶粗豪，亦甚為有情。

筆者曾在惠州考察一古墓（【宋】蘇東坡時代），發覺其墳碑很高，約三至四英呎，而墳之「內圈」，牆身是砌磚，高度比墳碑高少許，這設計之高度，與墳所葬地點非常配合，墳墓之斜度原理，筆者繼大師述之如下：

（一）所藏地點陡斜，墳墓用「坐式」，像直立式之墳墓。

（二）所葬地點緩平，如在平坡上，則墳用「臥式」，趟下之眠式墳墓。

在香港之公眾墳場，其墳墓是不論墳式，其設計以節省地方為主，更談不上有拜台、水口等。由於地點只有十多平方英呎至廿多呎不等，有些後人買下兩個位置，兩個祖先同用一墓碑，有些墳墓只用一塊大理石碑代表，有些小形圓金頂像有「扶手」之椅，更有此為了美觀設計，在墳墓上結上圓拱形之頂，或砌石結頂，像陽居房屋一像。

究竟有頂蓋好，還是無頂蓋好，那種設計適合風水原則呢？

在沈鎬著《地學》〈卷二〉〈穴暈九〉說：

天露能消煞氣。掩棺建築一尺以上。仍取浮土蓋之。──棺木上鋪上深一尺以上的泥土。

浮土作塚。以受天露。以消新煞。庶無暴災。──在堆泥的土上築墳，下雨時雨水可將新墳消去煞氣。

若要砌石結頂。須待三年以後。此廖公之法也。──若要築有蓋頂之墳，須待三年後。

原來，古人造墳，如要做墳蓋頂，必須待造葬新墳後過了三年始可重造，而墳墓沒有頂蓋，是消去新造墳時之煞，這種作法便符合風水之原則。但在現實環境中，如所有公墓設計都沒有頂蓋，那麼造墳生意之人，肯定賺少了錢。

筆者繼大師重提這種說法，非斷人財路，不過說歸說，造歸造，隨人之喜愛。更有些公墓，其棺木四週地底之前後左右都裝貼雲石，葬棺後再封上泥土，試問在下雨後，棺木附近四週之水往那裏走呢？長此以往，棺木必積雨水，這是犯水煞，後人子孫焉不得病呢！

在美觀上是好看，花費至鉅，以顯派頭，孰不知全不合風水原則，那美觀又有何作用呢？

寫到這裏，真有一些感歎！曰：

眾生多是從外看。
表面美觀稱輝煌。
花費耗財至鉅大。
風水原則全不藏。
葬下患病水煞犯。

病痛多時身體殘。
費時吃力不討好。
造葬得法實是難。

又寫一偈曰：

天露能消煞。人皆未覺察。
蓋頂墓裝橫。日久難大發。
若要墳結頂。得須待三年。
天雨消新煞。此乃廖公法。

《本篇完》

江西墳式

東莞墳式

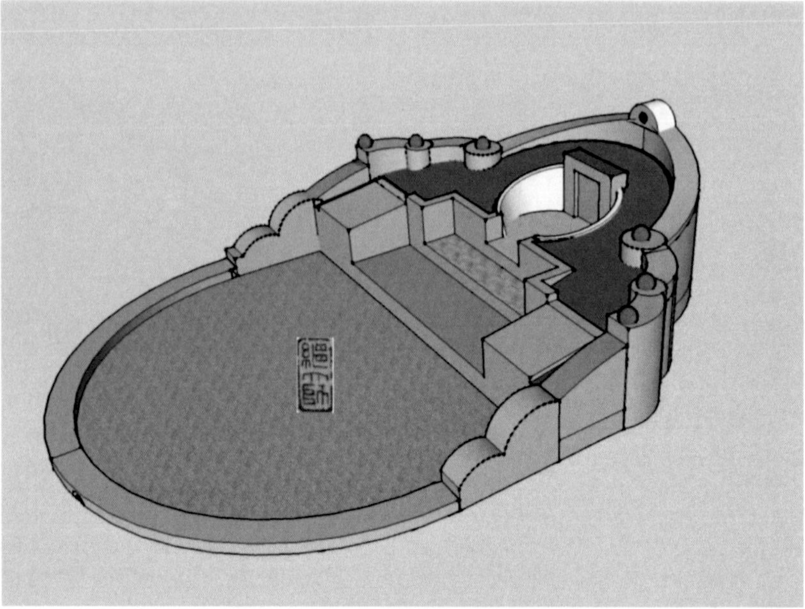

東莞墳式

東莞孖墳式

（十二）傳統的廣東東莞墳式 —— 呂師改良後的墳式

繼大師

在中國古代傳統的墳墓形式中，種類非常多，因應地形之勢，故大小高低不一。

筆者繼大師在學習風水過程中，見恩師 呂克明先生與新界文氏、鄧氏、廖氏、劉氏等祖先墳地造葬，無論是否真結或安金地，呂師都依照中國傳統廣東省東莞墳式作為參考標準。

呂師設計出一種獨特的墳式，包括用顏色及彩圖等，墳頭部份中繪上紅色圓形圖，象徵太陽，兩側加上藍白色的雲，造墳匠師傳名黃波先生。

在未談及墳式之前，理應明白修造墳式的原則，略述如下：

（一）地形略斜或頗斜而不急，應用「坐式」的墳墓。

（二）地形平緩而不急，或穴結在平坡地上，應用「臥式」的墳墓。

（三）地形不斜不緩，不急不平，介乎斜與緩平之間，應用「半坐式」的墳墓。

坐式——如人坐得正正直直，其垂直位有一定的斜度。

臥式——如人坐安樂椅一般，背脊沒有垂直位，是躺下的，幾乎全是臥下來，但亦非全臥在平地上，視乎平地地形中有多少斜度。

半坐式——如人在飛機椅上，椅背向後放開，腳向前方伸直，半斜半臥，介乎坐臥之間。

明白了墳墓的斜度原則後，再來就是墳墓的結構，它的結構分為兩個部份，將全個墳墓橫放，在中間分開，有上部份及下部份，其包括的東西如下：(此說法以有圓形內圈之墳式而論。)

上部份——有「墳頂」，用略高出之壆砌出，成半圓形，名「外圈」，其範圍由墳頂之內，再來就是「墳碑」，其碑頂再砌出一圈，其圈包著整塊石碑，至碑底之平地範圍，稱為「內圈」，內圈之正前方出口，名「墓門」，依照地形之斜度，有時會築上一至四層石級不等。

若地勢平緩，墓門之平水與墓門外的平托，有可能是一樣高低，依地勢高低而定石級層數，每一級的左右石壁便是墓門的兩旁，兩級則有兩個墓門，三級則成為三個墓門。

近子孫托的梯級為第一級，第二級墓門比第一級之墓門為窄，第三級墓門又比第二級墓門為窄，若只造三級梯級，最高之一層墓門便是內圈中墳碑的正前方入氣處，是墳碑立向收氣之重要氣口。

在最高層梯級墓門石級上的內圈範圍，地方較為寬平，尤其是較大型的墳墓，通常用作放置拜祭祖先的祭品，故稱為「拜台」，有些造上矮石案作供桌，但不可阻擋墳碑收前方生氣。

下部份 —— 全個墳墓的下部份，是最低的地方，為墳穴之「內明堂」，使生氣凝聚於穴前平托上，能被墳碑向度所收納，其面積大小相當於半個墳墓，故古人云：**「朱雀源於生氣。」**「朱雀」者即穴前正前方之處。

這穴前之人造明堂，其形狀設計成半圓形，順弓形地圍拱着整個墳墓的上部份，以最低墓門的中心點作圓週的中央，劃出半圓形的平托，其邊用石屎（英泥沙）作出的五至八吋高的方形石壆（壆，音博，即壠地，高出的地方。），視乎整個墳墓的大小比例而定出石壆之高低。

依半圓形邊而砌成，包圍著整個墳墓的濶度範圍，這範圍稱為「墳堂」，因堂的大小，會影響後代子孫的數量，故又稱「子孫堂」，或「子孫托」。

最後，在子孫托邊界石壆的某處方位，依墳墓的方向，量度出衰氣的方位位置，貫穿石壆，作一小孔，約二至四吋直徑，依石壆之高度比例，作出大小適當的小孔，其用途是將下雨時停留在子孫托內之雨水，流出墳墓範圍外。

墳墓的上部份，外圈與內圈之間的交接處，其左右旁邊的頂部，各有一凹位，下雨時，雨水依凹位而流入子孫托上，再由托邊之小孔水口而流出墳墓以外地方。

「出水口」又名「出煞位」，古人認為，煞氣流出墳穴外，則旺氣入墓穴，故有「煞出旺氣入」之說，雨水是將墳墓的煞氣，經過出水口而帶走，使生氣入墳穴，故人造出水口的位置，是加強子孫運勢方法之一。

另外，墳式之中，其石碑處，除以「內圈」包圍著拜台之外，亦可以由圓形改成長方形，其用途之分別如下：

圓形內圈——使墳碑受前方向度納氣更強大，適用於穴前空間視野較為開陽。

方形內圈——使墳碑前方吉向，承受正常之納氣度，適用於穴前空間較不甚開陽。

又有些墳穴，因為受前方生氣之力度不同，故在子孫托上沒有全部築上石壆，只有近左右方築有半圓形之波浪形高壆，由高至低的波浪半圓形壆，兩旁築至半圓形子孫托邊約四份一至二份一的長度，而正前方的子孫托邊是沒有圍上石壆的，是平圓形的，故不設出水口小孔，這意味著，是因地理環境，而決定是否開人工出水口。

至於墳頭頂是否用有蓋式，或沒有頂蓋等問題，筆者繼大師現解釋其原理如下：

一般公墳，有沒有頂蓋均可以，但在造價上，有頂蓋的價錢較貴，在正常地勢環境下，是不應該建頂蓋的。

一般真龍結穴，不同於公墳墓地，真結必有「太極暈」，在穴位地下有一個立體的空間範圍，故造葬骨或葬棺木時，頗要小心，免得弄破穴暈。

清、沈鎬著《地學》武陵出版社內第二二二頁有云：

「真穴有範圍。有蓋有底。範圍即太極一圈也。蓋則真土之粗者。或是石蓋底。亦真土之粗者也。或是石底範圍。蓋底之中。精粹之土。恰好容棺。此天造地設。福德藏身之穴也。」

以筆者繼大師的經驗，築墳頂蓋，等於在陽居門口頂外建簷篷，兩者道理相通，這關係到前方天光之氣清純或帶煞與否。若明白此理，不須待三年，便能消煞。

至於中國古代廣東私人修造的東莞墳式，是沒有頂蓋設計的，因為古人認為：

（一）骨骸藏於吉穴，以得來龍真穴地氣為主，骨塔或棺木之向度，必定以坐衰向旺為主，因骨埋於地下，不見天日，所以不受天光之氣所干擾，故骨棺向旺，以足夠接得地脈之氣，此稱為「內分金」。

（二）墳向以墳碑之向度為主，「碑」像一支天線，接收吉向電波而下傳至骨骸處，「碑向」是根據龍、穴、砂、水等形勢而定出碑向，碑是向前方的，天上有天光之氣下降，地下有地德之氣乘載，因此能「鬼福及人」，此義理出於晉、郭璞著《葬書》之內。

碑之向度，稱之為「外分金」。「內外分金」加上尋得真龍，點得真穴，就是「風水自成」，能「福及子孫」，而墳式的設計是其次，雖是次要，也是陰宅的造葬功夫，不可輕視。

為避免單調起見，故呂師在改良後的東莞墳式上，以一紅色圓形劃在墳頂之正中央上，以意喻太陽，能光明遍照，比喻後代門庭光輝之象，太陽左右及下方，用藍白色劃上浮雲，趁襯托出一番光彩。

還有一種設計，就是墳頂中央劃上一隻蝙蝠，象徵有福份來臨。

另外墳頂上有立體圓金形像寶珠一樣的球體，這是葬者生前有官位的象徵，為「官帽」。墳頂上紅色圓圈象徵太陽，底下有祥雲襯托，雲下為官帽，官帽下為蝙蝠之雕刻，最下方為墓碑。

筆者繼大師現把蒐集下來墳碑上裝潢的相片，給大家作為參考。

《本篇完》

墳碑頂之蝙蝠造型

墳墓中心的內圈外圈

子孫托龍邊之人工砂手

子孫托虎邊之人工砂手

東莞墳式

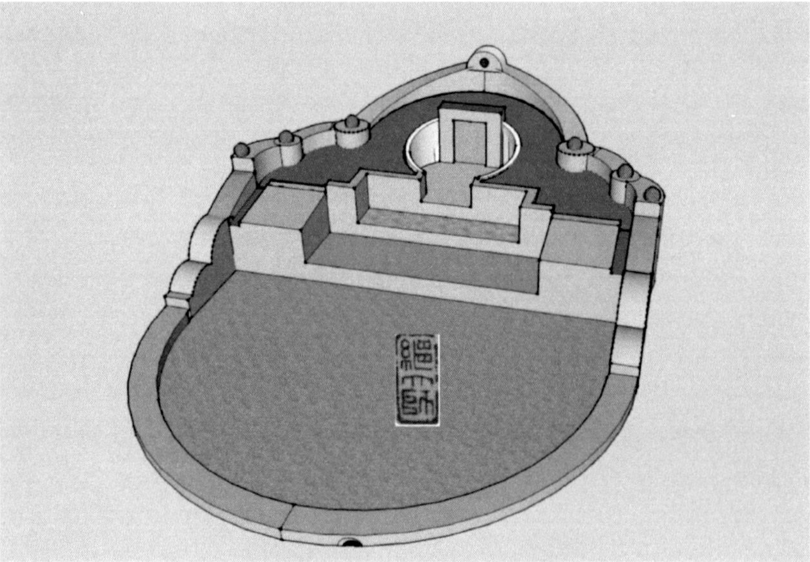

東莞墳式正面圖

單壙吐葬式

雙壙吐葬式

（十二）論石與穴的關係 ── 大肚佛穴 ── 看水口法

繼大師

一般山脈是由泥、土、沙、石所組成，由于山脈之行度變化莫測，所以山脈之行度，在風水學上稱之為「龍脈」，取其潛龍飛躍變化莫測之意。

在中國南部沿岸一帶，大部份山脈，其山面向南面，南方是大海，則其山脈長期受風吹雨打，加上海上之潮濕水氣侵蝕，泥土易被風化，引致山脈巉巉嶙峋，露出石塊，極為崢嶸，像香港屯門大欖、龍鼓灘一帶山脈便是，而石是龍之骨，泥土是龍之肉，草木是龍之皮毛，而河流、溪、湖、江、海等，則是龍之血脈。山脈所作之形狀，千奇百怪，有些像人物、飛禽、走獸、魚類生物 …… 不等。

山脈在行走中，有背與面之分，而大部分在中國南部沿岸的山脈，其面向北方之山脈，多為樹木茂盛，看不見石塊的居多，大多為面，而面向南面對著海的山脈，大多為背，但如果不是近海邊之山脈，而是較為入內陸一些，但又是沿海一帶，則兩邊皆可以是面，如元朗之雞公山是也。大部份在第二層山脈中，面向南邊向海方處，因被前面山脈擋去由南方吹來之海風，其山脈雖然有右，但石甚是美觀有情，並不巉巖，像香港南風道之山脈（面向南朗山）便是。

昔日得 呂師指示一穴，穴之俗名為「大肚佛」，為呂師之父親「呂冠儔師公」所點，其來龍是整座山脈中之主脈而下，高度有八仙嶺那麼高，來龍起伏隱顯而下，剝換變化，青龍白虎砂有數層來護穴，而近穴之左右護砂，其山崗高處，有深色之石在其中，稱之為曜星，而來龍之到頭一節起一小山崗，山崗下方處結穴。

據 呂師透露，他年青時所點的位置，是在正穴之龍邊山脈處，高度與正穴一樣，經呂父指點，始知所點之落脈有偏差，因整座山之形，像一個人形，而肚特大，結穴則在臍，因此取名為「大肚佛」，曾經有人在五六十年代出價五十萬元購買此穴，結果都被拒絕。

此大肚佛穴，所結不高，但亦不低，剛好與附近之護砂成比例，近堂窄而氣聚，中堂砂多而重重關欄，所謂：「**內堂夾死狗，外堂容萬馬。**」是也。至於外堂，真是闊大，遠而朝穴，海上有數島，其山峰之勢，陣陣羅列，曜氣秀麗，海上所見盡處，中間有一小島，屬金形山峰，由遠遠在海上正朝穴處，是奇峰也。

由穴上所見前方之海面，其範圍僅佔外堂的三份一深，除左右砂有石曜之外，來龍之山崗處亦有奇石，而官曜之星很多，包括外堂遠處青龍方之官星，在此筆者繼大師從未見過如此這般的明堂，此穴獨特之處如下：

（一）來龍是大帳高聳，護從之砂特多，是支中之幹龍出脈，整座山脈非常龐大。

（二）官星、曜星、禽星特多，鬼星是整座山之後面山脈，比起麒麟山之龍脈還要大，而且更秀麗有情。

（三）明堂多而壯觀，內堂氣聚，中堂層層砂來關欄，水屈曲而去外堂，而外堂闊大，陣陣尖峰在海上朝來，此乃明堂有照，照中有泡。

（四）穴前之元辰水屈曲「之玄」而去，先由右倒左水，然後由中堂流到外堂而聚於中間，是順局，故發福遲而悠久。

（五）一般行龍之大小，除決定於龍身外，其次可由水之長短、大小來決定，龍是隨水走，而水亦隨龍而走，互為相關。此穴雖是順局，但在遠明堂處，白虎方有水流入外堂，而這水是集滙眾多支水而來，所有眾多支水非常長而大，均為龍穴所收，由此可見此穴之清貴。

（六）此穴最奇特者，是在結穴處數呎遠前，有一塊深色之石塊平放著，面平滑而色深，並不突露地上，很是自然，由於筆者繼大師那時是初次見穴前有石，故特自請教 呂師，據 呂師稱，此穴地點之妙，就妙在有此石塊。

原來大凡山龍，其過峽處有石，在結穴處一定有石，如果沒有石出現，這樣龍在過峽處所出現之形態，在結穴處也會有同樣形態出現；這就是龍真穴的之現象，這石塊剛好把穴之龍氣止着。

石與穴的關係中，筆者繼大師總括有下列各點：

（一）石出現在來龍之太祖山、少祖山及祖山，多屬於尖峰之廉貞石山，是增加其龍勢，楊公云：

「大地若非廉作祖。為官貴不至三公。」

瑞士琉森市火形石山祖山

瑞士阿爾卑斯山脈火形山峰

瑞士鐵力士峰恩格爾貝格村落火形石山

法國南部馬賽市石山祖山

火形廉貞或燥火形山，大部份是石峰，除父母星外，龍之各祖山如有石筍在峰頂則為貴，或有石在來龍父母星之後，或在穴星之後方鬼尾處，石用以護穴及衛穴為主，石如在父母星頂，則石不宜太多及崢嶸，亦不宜正正壓着墳穴。

（二）穴附近出現之石塊，不宜破碎嵯峨，石不能鬆散，鬆散則沒有地氣，而且老龍多有山石鬆散之象，容易滑下，石塊多現雜色，故**《雪心賦》〈卷二〉**云：**「土山石穴。溫潤為奇。土穴石山 。嵯峨不吉。」**

（三）穴之青龍及白虎侍砂有山崗丘，頂上宜有石，或在結穴開肘處，以有石為貴，而龍虎砂外有石亦佳，以石向穴外伸射為吉，而龍虎砂之內側，則不宜有石來射穴，射外側則增加威勢，射穴內側則大凶矣，如數石插於龍虎山崗頂，亦倍增穴之威勢。

（四）穴前所見之明堂，不宜有尖石來射穴，如朝山有石，必須有情，愈遠愈嵯峨而有形有格為貴，穴面前石山嵯峨而朝穴，則穴易受煞，所蔭之後人亦易暴戾，**《雪心賦》〈卷四〉**云：**「怪石若居前案。**

必有凶災。」穴之外堂如有石筍、石山、石華表，則最好要朝穴有情，能為穴之所用則佳。

（五）穴之明堂，其龍虎處有石人、石馬、石禽、石獸在兩邊排班侍穴，則極佳，如明十三陵是也，但以天生自然為奇。

（六）有時在結穴處，在開土時，會發現石塊或石柱，則可能穴有少許缺陷，要用穴中所藏之石塊去造作，例如青龍有缺，則可用石塊作龍神碑，以均勻穴之龍虎，使作對稱有情。

總之穴附近之石，不論何格，總要有情為上，以護穴、侍穴、朝穴、揖穴、衛穴為吉。以背穴、射穴、尖尅穴、崢嶸近穴為凶；而石本身要圓淨為吉，稜角為凶。

在**《風水二書形氣類則》**之**〈穴情類〉〈論石穴〉**中有云：

「碕礒稜磯並可扦。不嫌劈削忌斜偏。豈求左右重重護。但愛稜弦處處圓。頂面裂罅藏硬石。山頭瑣碎透寒泉。石鉗真的泥五色。石突堅深不可鐫。」

在蔣大鴻先師之**《天元歌第二章》**有云：

與君細論石中機——蔣氏說出穴與石的玄機。

石是山精骨髓滋——石是龍脈的骨髓，有加強龍身體質之作用。

時師只看石無穴——一般地師只看石多，便認為沒有吉穴可取。

誰道真龍石始奇——誰不知真龍有石，為龍脈奇特之處。

真鉗真穴石內藏——穴左右有鉗，鉗中有石，為穴內所藏。

真龍真虎石兩旁——穴左右護砂有石為石曜，官貴之砂。

識得枕棺龍口石——穴前有平石塊，為龍口石，以止脈氣。

千山玉乳灌心香——指石澗有水流出，為龍之血脈。

結穴之石此中推——以觀龍脈之石，而點取的穴位置。

行龍之石脈胚胎——行龍之脈有石，為穴之胚胎。

不審其中玄竅理——要審察石塊在穴四周之位置，便知石穴之玄機。

滿山頑石豈堪裁——若滿山頑石，怎能選出吉穴呢！

此大肚佛穴剛好有石塊止著龍氣，正是偈中之：「**識得枕棺龍口石……結穴之石此中推。**」此石正是龍口石，其龍虎二砂在山崗頂中有石，正是：「**真龍真虎石兩旁。**」

此穴正合此**《天元歌二章》《醒心篇》**中有云：

更有石龍並石穴——來龍石脈結穴，或挨閃石脈之氣，如香港鯉魚門三家村之天后廟，又如赤柱海邊在石脈下之小小玉虛宮。

乃是幹龍真大結——能明白石脈原理，即可點取結穴位置。

世人何德可承當——此種大地，何人有大福德可以承擔得起呢！

高着雙眉漫說說——指蔣氏瞪着眉，特別說出此種石穴獨特之處。

古籍風水書所記載有很多石穴，如范女正公祖地、歐陽琮公墓、南安傅氏祖地之金盤戲花形等，這傅氏祖地據《地理人子須知》〈卷四下〉所說，此穴結在平崗上，周環皆石盤，亦名為石巧穴，是怪穴也。

在行龍中，龍脈一定要脫煞，即起初來龍出脈巉巉，然後愈變愈嫩，石之出現，要在適當之處，石多則要為穴之所用，這脈中的石，其實是表現龍之性格，石之煞為己用，則更添龍穴之威勢。

在山上之龍穴，其實是與水相對的，穴附近之水口，與來龍有着密切關係，龍、穴、砂、水及向，均是結穴五大原素，包括龍、穴、砂、水、向在方位上的配合。

筆者繼大師解釋的穴之元運，包括有：

（一）龍之來脈氣運

（二）穴坐向之氣運

（三）水口之氣運

筆者繼大師現公開元運口訣如下：

穴之坐向當運，水口失運，則先吉後凶。

水口在當元運，坐向失運，則先凶後吉。

這是互為因果，往往大龍大貴之穴，其水口必有禽星，或有華表奇峰挺然卓立，或是捍門居水口，或兩峰對峙，水口間出現巉巉石山，或出現聳身數丈而形狀怪異的石山，在水口中間挺然朝者，此謂之北辰。

水口中之石，大多嵯峨高聳，或像臥龍、麒麟、獅象、海螺、飛禽如鳳如鶴，或像猛虎、涼傘、展旗、刀鎗、幢幡等。總之其形狀不一，此等北辰羅星，其作用是阻止穴附近遠處之水流流走，有鎖水口之作用。

如在大城市當中，亦有以人工建造神像用作鎖水口，如紐約市，是以曼克頓(MANHATTAN)為中心，曼克頓島是由北向南行（廿四山中之由丑到未方），有雙水圍繞著，東邊是東河（EAST RIVER），西邊是克辰河（HUDSON RIVER）。

其南部至世界貿易中心之雙子星大廈不遠處之海傍，(兩座大廈於2001年9月11日被飛機撞毀。）對出是內海，是雙水相交處，然後匯入一大水(內海)由(STATEN及BROOKLYN)之間出大西洋(ATLANTIC OCEAN)。

曼克頓市南端海邊對出有一小島，名ELLIS ISLAND，是雙水會合後之出水口中之水口砂，這就是世界聞名由法國送給美國之女自由神像所立之處，自由神像剛好居於水口位，為北辰羅星鎮水口，這真有運行，是巧合乎！冥冥中有所安排？

楊公有云：

「捍門水口尖峰起。圓峰北辰位。坐鎮城門不見流。富貴保千秋。………又：一個北辰管萬兵。駙馬公侯招討名。高大崢嶸聳雲漢。必是爭天奪國人。」

水口關欄愈多，發福愈久，如水口只有一重，而為之單薄，單薄則一發便衰矣。水口深厚而多重羅星，則福厚悠久，水口所走之方，亦主掌其穴或其大都會元運之興衰。總之穴或其地方之海、河、江、湖等，其水口的位置及其水流之向度，均影響著它的元運。

回想這大肚佛一穴，其最貴處，就是龍與水均符合此等格局，但最可惜者，就是此穴於八十年代末期，因政府開山修土，把大肚佛穴之來龍父母主星，全個剷去，穴已毀壞而不能使用了，真的可惜。

此等龍穴，可蔭出國家級官員，富貴無敵，但此穴亦有一小瑕疵，就是面前之青龍砂，橫斜地射去白虎前砂，美中不足，此即是：

「東宮竄過西宮。長房敗絕。右臂尖射左臂。小子貧窮。」

大凡大地，必有少許缺陷，這也許是天地之數不全吧！

寫一偈曰：

大帳嵯峨貴石曜
流水匯入外堂繞
笑佛肚大臍結穴
功名富貴樂陶陶

《本篇完》

穴位白虎方的石曜

鄉村垣局後方帶石的幛山

香港青山，為屯門之照星，峰頂為石山。

法國南部近馬賽的矮小石山

（十三）論祖先墳穴之影響力 ——《疑龍經》之宮位衰盛看法

繼大師

附《疑龍經》之〈三問〉〈公位盛衰疑龍如何〉

觀世上之人，貧賤富貴賢愚皆有，佛家雖說有因果之理，但莫不與祖先山墳之風水有關，或者風水之說，就是演繹因果報應之渠道吧！在研究風水之下，發覺祖先墳穴有兩種極端之影響力，左右後代子孫極大，即是：

如有某一代之祖墳，葬在極巨富貴之龍穴上，由於「龍真穴的」而且是大地，所蔭之力極大，發福悠久，可蔭出長達十世之後代富貴。

例如香港新界元朗鄧氏祖墳，其開族祖山均是真龍結穴，有：

「玉女拜堂、荷葉伏龜、仙人大座、半月照潭、狐狸過水、金鐘覆火、東莞石井之獅子滾球及鄧氏皇姑家翁祖墳等。」

近代尚有鄧氏後人之龍穴，例如恩師 呂克明先生所重修文公鄧氏祖墳「仙人弈棋」。由於鄧氏族人大多相信風水，祖先得龍穴大地所蔭，以致鄧氏望族人丁眾多，其中不乏富貴中人，其中祖墳更遠達至約千年前所修造，這是由於四世祖鄧符協地師點地之關係，以致祖先得大地理而福蔭後代子孫。

因為鄧氏有數卦龍穴祖山，而後代何止能發十世呢！即是集合數十墳之福力，可蔭後代久遠，但又是否所有鄧氏後人皆是顯貴之仕呢！這又未必，其原因是：

（一）若出人代代顯貴，則是遠祖得大地，近祖亦得大地，或得中地、小地不等，以致遠祖福力與近祖之力連接起來，積小成大則可發福悠久，是新墳得舊墳之助力，其福力能蔭後代子孫。這即是楊筠松先師在《疑龍經》中之〈三問〉〈公位盛衰疑龍如何〉所說：

「凡言公位勿固執。先看其人數代祖。新舊數墳皆是真。新者必為舊者助。如是之家世世昌。福祿未艾不可量。是真不必問大小。積小成大最為妙。」

（二）若同一族人之中，雖得遠祖龍穴山墳之蔭，但若近代祖先在三代之中，均是葬在不吉之地，這樣則會應後人雖有才華智慧，但命運坎坷，嚴重者會夭折短壽。亦即如**《疑龍經》**所說：

「是者一墳非者多。縱有大地力分了。譬如杯水救薪火。水少火多難救治。」

昔日 呂師有一親戚生有一子，其八字給呂師批查，眾人都說此八字天上三奇「甲、戊、庚」是最貴之格局，豈料 呂師查看完其八字後，即說出一獨特之見解，意思是此子雖然八字是天上三奇貴格，但必須得知其近代祖先是否有龍穴吉地，若然沒有祖蔭，恐怕此子是禍而非福。

後來果如呂師所料，此子不久得病，頭發高燒，搶救無效後竟變成白癡兒，此子之八字令學八字之人「大跌眼鏡」。這種現象，就是遠祖得吉地而近祖得凶地，遠代祖墳吉力不能接續而邀福，即是**《疑龍經》**所說之：

「衰者後來無救助。年深氣歇漸消磨。」

（三）遠近祖先雖未能葬在吉穴大地上，但大部份祖先均能葬在小地或安金地上（平安地），由於祖先眾多，集合眾墳力量，也能蔭出大富大貴之人。即**《疑龍經》**所說：

「大地難得小易求。積累不已成山丘。眾墳合力卻成大。人說小地生公侯。那堪大地有數穴。世世公侯不休歇。凡觀巨室著姓家。必有大地福無涯。子孫百世雖分散。內有救地多榮華。一穴大地蔭十世。小地千墳亦如是。」

例如有電影名星，其遠祖山墳在南丫島近北角山之處，是清光緒年間所葬，最少也是在五代之前。而另一祖先之墳亦葬在南丫島近大圍村處，是十四世祖太公之墓，還有一墳在近蘆鬚城海邊處，是十八世祖之墳穴。

其遠祖之墳穴，雖不是大龍大結，但堂局甚美，貴砂層層而朝穴，龍虎二砂環抱有情，後有遠處小島作樂山，明堂有三層，非常聚氣。

十四及十八世近祖之墳，雖不是真結，但一墳位於近水口羅星之處，後靠一小山丘，前朝逆收貴人山峰，清貴異常。另一墳亦位於一小山丘之下，龍虎二砂環抱，前砂及明堂雖已被建築物所遮蓋，但還有地氣，是安金地。這三穴合共力量所蔭出之後人，亦能成為國際巨星。

另外還有六具金塔寄金於其遠祖墳穴上方，亦甚得地氣，可惜無姓名可查，但相信是同一姓氏之祖先也。（可惜的是，2010年後，所有祖墳均搬遷到別處，這會有一定的影響。）

這種情況就是集衆小地之力，而蔭出大福份之人，這莫不與祖先積德有關。**《雪心賦》〈卷四〉**有云：

「賦稟雖云天定。禍福多自己求。……欲求勝公之佳城。須積叔敖之陰德。積德必獲吉葬全於此。」

寫一偈曰：

宮位衰盛因由廣。
吉穴大地蔭衆房。
近祖若逢凶地葬。
不如化灰安庵堂。

現附上**《疑龍經》**之**〈三問公位盛衰疑龍如何〉**全篇如下：

問君公位雖能別。或盛或衰是何說。也有先盛後來衰。也有衰盡復萌孽。此理如何合辨明。
時師謬以水宮折。不知年久世成深。豈有長盛無休歇。山川之秀雖盤固。氣盛氣衰有時節。
代代長盛者無他。後來接續得吉多。衰者後來無救助。年深氣歇漸消磨。凡言公位勿固執。

先看其人數代祖。新舊數墳皆是真。新者必為舊者助。如是之家世世昌。福祿未艾不可量。
是真不必問大小。積小成大最為妙。是者一墳非者多。縱有大地力分了。譬如杯水救薪火。
水少火多難救固。是多非少反成吉。譬如眾水成江河。豈無一穴分公位。不取眾墳參合議。

大地難得小易求。積累不已成山丘。眾墳合力却成大。人說小地生公侯。那堪大地有數穴。
世世公侯不休歇。凡觀巨室著姓家。必有大地福無涯。子孫百世雖分散。內有救地多榮華。
一穴大地蔭十世。小地千墳亦如是。騏驥千里迸一日。駑馬十駕亦追至。圖大不得且思次。
此事當為知者議。

（十四）如何撰寫碑文

繼大師

在撰寫陰宅碑文中，以葬者的資料為主，文字在碑之正中間，用較大的字體，由上而下寫，內容包括：

（一）中間寫上葬者的朝代、輩份、姓名、姓別及或籍貫等。姓名之多少，表示穴內所葬人數之數目。

（二）碑之青龍手方，一般墓穴，只記錄碑之坐向，「坐向」在風水術語中名「分金」，故亦可寫作「分金之原」，若是真龍結穴而地形又有特別地名，又或子孫後代想說明葬者之資料，包括葬者是何人所生，及所屬房位，葬者之妻室及子孫姓名，有何官職或學歷、學位等，用較小之字體寫在碑之青龍手方，此稱之為碑文。若有地師造葬點穴，或只作定針立向，都會寫上地師姓名。

（三）碑之白虎手方，寫上現世子孫的姓名，由上而下，依輩份編排。最後寫上造葬或重修的日期。

其細節地方是，碑文由上而下寫，由碑之青龍方排去白虎方，首先碑文以獨立一行計算，其寫法之原則如下：

排字數有衰旺意象，每獨立之一行，其字數依五個單位去編排，每個字數有不同意思，其排法是：**「一生，二老，三病、四死、五苦」**，以生及老為吉，即一、二數是吉數，以三、四、五數（病、死、苦。）為凶。多個五個字字數作重覆計算。

如一、六、十一、十六、廿一、廿六為吉，為「生」數。

二、七、十二、十七、廿二、廿七，有二、七之尾數為「老」數。

三、八、十三、十八、廿三、廿八，有三、八之尾數為「病」數。

有四、九之尾數為「死」數，有五、十之尾數為「苦」數，這就是碑文中字數之吉凶計算法。

穴之坐向，寫法以廿四山之坐向為主，如：

子山午向，是地支之向。

壬山丙向。是天干之向。

乾山巽向，是四隅卦之向。

但如果向度不是每個山之中間位置，它的寫法便有所不同。例如：

（一）午向近丁方 — 午向兼丁 — 天風姤卦䷫

它的全寫及兼顧字數之排列，是：

「本山坐子向午兼癸丁之原」。或

「本山坐子向午兼癸丁分金」。或

「坐子向午兼癸丁分金之原」。用十一字數為「生」數吉。

（二）壬山丙向正線 — 坐水地比，向火天大有，它的全寫，及兼顧字數之排列，是：

「本山坐壬向丙正線之分金」。或

「本山坐壬向丙正線分金之原」。

正線表示在該山之中間，兼者即近那方之山，例如丙山中有三卦，即：

丙山正線 — 火天大有卦䷍。

丙山兼午 — 澤天夬卦䷪。

丙山兼巳 — 雷天大壯卦䷡。

碑內文可寫成：

「本山坐丙向壬正線分金之原」—火天大有卦䷍向（字數12）。

「本山坐丙向壬兼午子分金」—澤天夬卦䷪向（字數11）。

或**「坐丙向壬兼午山子向分金」**（字數11）。

「本山坐丙向壬兼巳亥分金」—雷天大壯卦䷡向（字數11）。

或**「坐丙向壬兼巳山亥向分金」**（字數11）。

第二是墓中人之寫法，一般用的字眼是：

顯祖—祖先的統稱。

顯考—男性祖先，「顯」表示顯達、顯耀、顯赫之人，表示對家族有貢獻的人。

顯妣—女性祖先，如母親或祖母等。

「顯祖、顯考、顯妣」是寫在最上方所用之字眼。

考祖代數（世祖）可作詳細之排列，假如是廿世祖，則用：

顯廿世祖考。或

顯二十世祖考。

顯廿世祖考及顯廿世祖妣，若再加上使用朝代名稱，則用：

「清顯考、清顯祖、清顯妣」等字眼，或用**「清顯祖考、清顯祖妣」**等。

但現代人造葬，可使用干支及公元年號已足夠，如：**「公元二〇四四年歲次甲子吉日重修」**，16字數，生位吉祥數，亦不需寫上朝代。

葬者的稱呼，男性用**「府君」**，女性用**「孺人」**。

葬者姓名之後，以男女性稱呼之字眼，通常用字是：

「府君或大人」表示男性，**「孺人或安人」**表示女性。

通常男性之名字寫在先，姓寫在後，以**「公」**稱呼男性，以**「氏」**稱呼女性，例如有先人男姓名字**「王一山」**，女姓名字**「白小玉」**，則碑文中間以較大之字體及較小之字體去配合，即寫成：

考一山　公大

顯祖　王　人仝墓

妣白氏　母孺

通常男葬者之姓名全寫，女葬者只寫其姓氏，不寫其名字，這是男女二人合葬之寫法，其較小之字體，以橫排計，兩個並排小字作一個垂直的排列單位計算，以上例子作十一個字位計算，是「生」數之吉位。

碑之白虎方的最後，是寫上有多少房份及重修或造葬日期，例如：

「己丑年中月二大房子孫立」

字數十一，亦是「生」數位，整個碑文，可以寫成：

本山坐丙向壬兼午子分金

顯祖
考一山　公大
王　人仝墓
妣白氏　母孺

己丑年申月二大房子孫立

如葬者三人，而分別不同代數，則可寫成：

本山坐丙向壬兼午子分金

顯十八世祖考王二峰之墓

顯十七世祖考王一山之墓

顯十九世祖考王三脈之墓

己丑年申月三大房子孫立

即是墓中所葬三人不同輩份，則以最高輩份之遠祖寫在碑之中央，碑本身之左方（青龍方）屬次高輩份，碑之右方（白虎方）屬最低輩份。

如葬者是夫婦，且知道他們是何代之祖先，則依字數，可寫成如下：

本山坐丙向壬兼午子分金

四世祖考一山王公
妣孺人白氏二位墓

己丑年申月三大房子孫立

亦可將姓氏寫在碑文中央頂處，然後用略細的字體，青龍方為男姓，白虎方為女性，以「府君」稱男姓，用「孺人」稱女性，例子如下：

本山坐丙向壬兼午子分金

考一山王公府君
王四世祖　　　　墓
妣白氏王母孺人

己丑年申月三大房子孫立

亦有一些公墳，在碑頂上寫上祖籍名稱，如廣東三水，只寫上「三水」地名，並不計算其垂直字數，如下例只作十一字計算，例子如下：

本山坐丙向壬兼午子分金

台山

顯祖考一山王公大人之墓

己丑年申月三大房子孫立

有一些情況下，由於落葬之人，其資料頗多，喻如有葬下之人，其姓名甚長，如李默齋地師的名諱是：**「李秩，字叔典，號默齋。」**

則寫在碑上的名字較多，以碑本身之青龍方為先輩，碑本身之白虎方為後輩，順輩份而寫上人名，以下是廣東鶴山樓沖，由李默齋地師本人自己卜地之縮頭龜穴，其碑文如下：

八世太祖

考諱秩字叔典號默齋李公

妣淑德勤儉黃氏太老安人

九世祖

考諱詒基字寅充號少白李公

妣賢淑德勤儉潘氏太老安人

墓

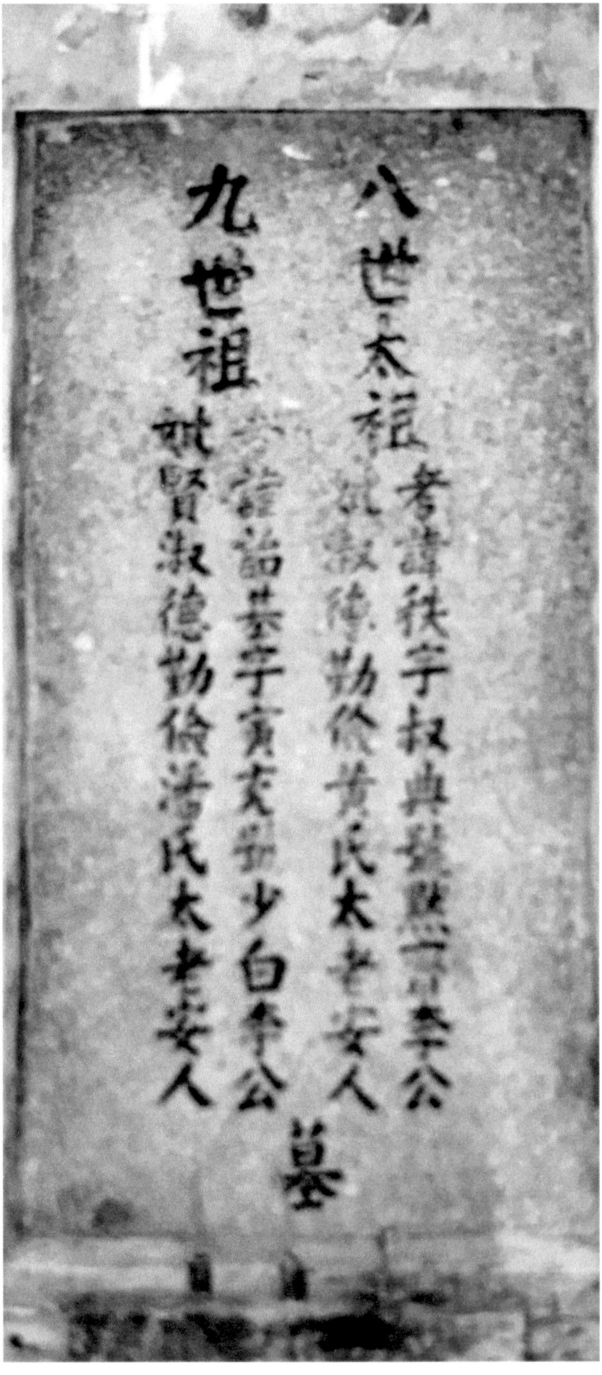

李氏碑文，李默齋名李秩，而字數不合，故用「諱」字去填補字數，「諱」即「名諱」之意，連大小兩種字體包括最底下之「墓」字，共十六字數，但並沒有寫上名字，其媳婦潘氏亦如此，其女性之字列，用「淑德勤儉」及「賢淑德勤儉」等字句寫出，又以「太老安人」之稱呼去形容女性，最後共同用上「墓」字。用數字去湊成「生」字數位。

原則上，用盡不同字眼去加長或縮短字句，去湊成合「生」字位之數，如「六、十一、十六及廿一」字數等。（註：此縮頭龜穴地已於二〇一〇年搬遷他處。）

鶴山樓沖龜山來龍

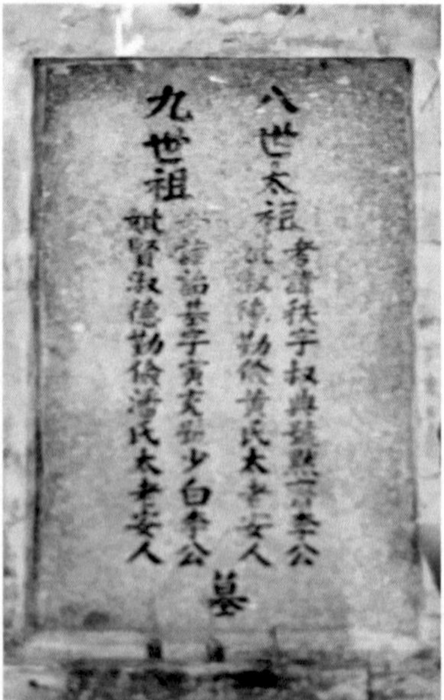

縮頭龜地八世及九世祖碑文

放在地下的舊有的碑文

又有一種格式，墓中葬下六人，可用簡短之字句寫出，如廿二祖王一山，原配白氏，妾侍黃氏，廿三祖王二峰，原配洪氏，妾侍藍氏，墓中六人，可以濃縮其字，十一數（生數位），或十二數（老數位）均可以。筆者繼大師茲列出例子如下：

本山坐丙向壬兼午子分金

顯 廿二 廿三 世祖

考一山王公

妣孺人白黃氏

考二峰王公

妣孺人藍洪氏

之墓

己丑年中月三大房子孫立

又有一些吉穴，是有名堂及地名，且家族人數眾多，加上葬者在社會上略有聲名，後人將其出身背景、父母及兄弟之姓名均列出，並寫成碑文，刻在墓碑之青龍方，筆者繼大師之恩師 呂克明先生，曾為香港新界文氏、李氏、鄧氏及廖氏等多族人重修及點穴造葬，並撰寫碑文，今筆者依其格式，作出一完整版之碑文，以示後學，為後世參考之碑文例子。筆者繼大師茲列出例子如下：

碑文資料如下：

葬者十六世祖王文山，原配黃氏，十八世祖王大龍，原配白氏。

十五世祖王曲水先生，生十六世祖長子王文山，原配黃氏，生長子王一脈，次子王二脈。

十八世祖王大龍字魁星號長雲，生長子時雨，次子祥風，三子震雷，原配白氏繼配（繼室）黃氏，妾侍洪氏。

地師 —— 龍藏山

重修日 —— 己丑仲春

三大房子孫立

葬者名諱寫法如下：顯〔十六世〕，〔十八世〕祖，〔文山王公〕，〔孺人黃氏〕，〔大龍王公〕，〔孺人白氏〕之墓。最後是寫上重修日期及子孫房位等如下：歲次己丑仲春之月重修三大房子孫立

本山坐丙向壬兼午子分金

顯

十六世

十八世

祖

文山王公

孺人黃氏

大龍王公

孺人白氏

之墓

歲次己丑仲春之月重修三大房子孫立

模擬碑文內容如下：

公諱文山乃曲水之長子也原配黃氏生二子長一脈次二脈公諱大龍字魁星號長雲國學生原配白氏繼記黃氏妾洪氏生三子長時雨次祥風三震雷今將祖考妣四位仝葬土名虎嘯谷形猛虎下山本山坐丙向壬兼午子分金以誌永垂不朽地師龍藏山點穴定針

繼大師註：每行字共廿一個，合「生」字數位，全數共五行，共一佰零五個字。字數亦是十六個位，乎合「生」字數吉位。

以下之碑文，如果開始內容字數不是廿一字數內，最後一行之字，可留空，而地師之姓名，可寫在最下方之排位內，例如最後一行之字是：**「以誌永垂不朽地師龍藏山先生定針」**

總之，最好在留空的一行內，與各行的字數排位相同，包括已留空之字格位。

全數碑文如下圖：

公諱文山乃曲水之長子也原配黃氏生二子長一脈次二脈公諱大龍字魁星號長雲國學生原配白氏繼配黃氏妾洪氏生三子長時雨次祥風三震雷今將祖考妣四位仝葬土名虎嘯谷形猛虎下山本山坐丙向壬兼午子分金以誌永垂不朽地師龍藏山點穴定針

顯十六世祖文山王公
孺人黃氏

十八世大龍王公
孺人白氏
之墓

歲次己丑仲春之月重修三大房子孫立

以上例子是其中一個格式，而其內容文字，應不同需要而撰寫，有一些詳細的墓中人資料，亦可以刻在另一塊在墓門之青龍方或白虎方的石碑上，可以彈性處理，這是傳統風水龍穴內的碑文寫法。

讀者可以參考在荃灣之「半月照潭」及元朗之「金鐘覆火」鄧氏古墳墓穴，這是中國古代所傳下來的寶貴文化，筆者繼大師不想令它失傳，為了保存這種良好風水傳統文化，故有詳細闡釋的必要，亦是吾師 呂克明先生生前曾為文氏吉穴所撰寫的碑文格式，祈望能薪火相傳，乃至發揚光大。

茲再舉多一個撰寫碑文的例子，此例子非常簡單，只葬一位祖先，其資料模擬如下：

葬者 — 廿世祖，王文山，號橫案。

碑墳坐午向子兼丙壬內線。

葬者背景資料 — 父親王曲水，王文山為次子，元配妻子白氏，生長子時雨，次子祥風，繼配（繼室）黃氏，另餘繼室三人，為張氏，生兒子震雷，洪氏生子強電，又藍氏生子長電，共五名兒子，五名妻子。

重修時為二〇〇九年己丑仲夏（農曆五月），模擬碑文如下：

公迺曲水公次子元配白氏生時雨祥風繼配黃氏庶配張氏生震雷洪氏生強電藍氏生長電本山坐午向子兼丙壬線泐石以誌永遠

廿世祖考諱文山號橫案府君王公之墓

五大房嗣孫立

公曆二〇〇九年歲次己丑

碑文中的「迺」字，即「乃」之異字，用「迺」字較為古雅一些，「元配」即正室，髮妻。「繼配」即繼室，第二任妻子。「庶配」即其餘的妻子，如有三位，即是三任、四任、五任等妻子。

碑之坐向為午山子向兼丙壬，即午山位近丙山之坐山。

「泐石」者「泐」音勒，即雕刻文字在石碑上以流傳後世，故說：**「泐石以誌永遠」**。

另外**「五大房子孫立」**，可寫成**「五大房嗣孫立」**，「嗣」可代替「子」一字，意義相通。

有一些福主，喜歡用中西兩曆同寫在碑上，用西曆時可寫上「公曆」字眼，基督教或天主教徒可寫成「主曆」等。

在月份方面，寫法以農曆為主，但依四季「孟、仲、季」月之編排而使用，其農曆月份寫法為：

春
- 正月 — 孟春 — 端月
- 二月 — 仲春 — 花月
- 三月 — 季春 — 桐月

夏
- 四月——孟夏——梅月
- 五月——仲夏——蒲月
- 六月——季夏——荔月

秋
- 七月——孟秋——瓜月
- 八月——仲秋——桂月
- 九月——季秋——菊月

冬
- 十月——孟冬——陽月
- 十一月——仲冬——霞月
- 十二月——季冬——臘月

當中西曆一同使用時，在農曆之干支年份前加上「歲次」二字，即如二〇〇九年——已丑年，農曆五月中某一日去重修，即可寫成：**「公曆二〇〇九年歲次己丑仲夏吉旦重修」**

農曆五月中某一日，寫成**「仲夏吉旦」**，不用寫上**「吉日」**字眼。至於若地師不欲寫上自己的名字在石碑上，則可以豁免。

以上兩款碑文，只是作為樣板，當真正撰寫時，應作出適當的字句去編寫，舉一反三，自然能夠完成。

繼大師舉一實例，此穴由恩師 呂克明先生點穴定針，穴名「旗形令字穴」，呂師撰寫碑文如下：

吉度坐坤向艮兼未丑土名紅花山肖旗形穴如令字顯考文公諱日群業原配黃氏繼配張氏考妣三骸合埋斯土奉記三男出會春氏今獲佳城擇吉卜葬築灰監碑永盛永昌 呂克明點穴定針

天元吉度坐坤向艮兼未丑土名紅花山肖旗形穴如令字顯考文 諱日群業原配黃氏繼配張氏考妣三骸合埋斯土奉記三男出 會春氏今獲佳城擇吉卜葬　築灰監碑　永盛永昌 呂克明點穴定針 妣孺人張氏 十九世祖顯考群業文公合墓 妣孺人黃氏 XXXXXX

在撰寫墓中人的姓名時，石碑中間之字體比較大，兩邊字體小，在香港和合石公墓內，一般的格式是由右至左，即由碑之青龍方至白虎方看，墓中人若是三個字的姓名，如王文山，籍貫是汕頭，可寫成：

汕頭	本山坐丙向壬兼午子分金	顯祖考文山王公府君之墓	己丑年申月二大房子孫立

若墓中人之姓名是兩個字，如王山，即可寫成：

汕頭

本山坐丙向壬兼午子分金

顯祖王山之墓

己丑年申月二大房子孫立

或可寫成：

汕頭

本山坐丙向壬兼午子分金

顯考王山之墓

己丑年申月二大房子孫立

一般撰寫墓中人之名諱，男的稱呼為「顯祖」，或「顯考」，而「顯祖考」在非必要時，是不需要這樣稱呼的，因為「顯祖」與「顯考」是一樣的，若用「顯祖考」就出現了多餘的字眼了，除非因為排出的字數不合「生位」，或「老位」之字數，例如先前的第一個例：

[汕頭]顯祖考文山王公府君之墓

若墓中人所葬的是女性，丈夫姓王，本人名白素河，則可寫成：

本山坐丙向壬兼午子分金	汕 顯妣王門白氏孺人素河墓	頭	己丑年申月二大房子孫立

若墓中女性之人名字只有兩個字，如她丈夫姓王，其本人名白素，則可寫成：

汕	本山坐丙向壬兼午子分金	
	顯妣王門白素墓	
頭		己丑年申月二大房子孫立

一般公墓之碑文，不寫碑立何向度，或是未婚，或已婚而沒有子女等，可寫出其本人之出生及死亡日期便可。

例如：白素河，女性，生於一九三〇年一月一日，終於二〇一〇年十二月某日，可寫成如下字樣：

本山坐丙向壬兼午子分金
汕頭
生於一九三〇年一月一日
顯妣王門白氏孺人素河墓
終於二〇一〇年十二月吉日
己丑年申月二大房子孫立

若葬者是男性，名「王文山」。
生於一九二〇年十二月某日。
終於二〇一〇年一月某日。
可寫成：

汕頭

本山坐丙向壬兼午子分金
生於一九二〇年十二月吉日
顯考王文山墓
終於二〇一〇年一月吉日
己丑年申月二大房子孫立

由於時代的脫變，地方法例限制，故很不容易得到明師給福主點穴造葬及定針，不過，作為研究風水穴地的造葬知識，撰寫碑文，是風水文化的一部份，是不可缺少的知識，至少可以讓後人能明白風水穴地內的葬者歷史，當後代蔭生了在歷史上叱吒風雲的人物時，翻查其祖先穴地碑文時，便可知道其祖先的淵源，祈望能夠保存這種罕有的文化。

真正的風水，其力量真的不可思議！

《全篇完》

（十五）修補吉穴瑕疵的秘法

繼大師

來龍結穴，一般多有瑕疵，遇有形煞，若能找出化解方法，穴則可用；若形煞太大，沒法擋去煞氣，則只可棄置。

筆者繼大師研究風水卅多年，見盡不同類型的穴地，願將修補吉穴的經驗與大家分享。

（一）內外分金，金塔葬平托下 —— 筆者繼大師隨 呂師學習期間，在梅縣見 呂師給劉氏卜葬一穴，名「祥雲拱日」，壬山丙向兼亥巳，因來脈頗陡斜，穴後有大松樹作靠，穴前略緩平，左右有龍虎護脈，前朝可見的山巒達十一層，逆收面前堂局。

雖然是衣冠塚，為避免來龍氣脈沖穴，呂師首先將略緩平之地，用人工修輯整理平穩，深度適中，將衣冠塚物件葬於平托中心地下，坐衰向旺，墳墓挨貼托後來脈上，葬處為子孫托之中間地下，墳碑逆收穴前整個大局，避開形煞，使用內外分金法，巒頭合理氣。

（二）**來龍主峰高聳，脈帶石煞**——香港新界麒麟村有一文氏遠祖古墳，木火形祖山，整個山頭，像昂頭的麒麟，前面有玉案，故名：「**麒麟吐玉書**」，山腳至山頂，佈滿碎石，脈氣帶煞。

呂師教授此穴時曾說過，此等帶煞來龍在造葬時，若要化去巒頭上的脈煞，古法是在落脈至結穴星頂附近處，找一地方，用七至九個瓦缸，將清水灌入缸中，然後封口，橫放在來脈處，瓦缸距離適中，作前後多個相連的 W 字形排放，作為來龍帶脈煞的過濾器，把來脈煞氣化掉。

（三）**建屋或植樹為案，作裁剪吉穴之瑕疵**——若有高結之地，沒有近前案山，只有朝山，但穴前有略深之大平地，可在平托盡處，建一橫長小屋，或建橫長照壁一道，用作人工案台，高度為：「**高要齊眉。低要齊心。**」可補欠缺之案山。古云：「**有案速發。**」

【明】李默齋著《**闢徑集**》〈**卷二**〉〈**六論補山**〉（上海出版社出版，第 150 頁）云：

「**如平洋龍虎太弱。不能衞穴。則築高其龍虎。以作其形勢。或穴前堂水直。則近穴處。多置屋宇**

以橫欄之。或水口空曠闊蕩。則於水口去處。築葬植木以塞之。此皆裁砂剪水之功也。……」

此段說明若穴前明堂水流直走，可建築屋宇或種植樹木，以橫欄穴前生氣走曳，雖然是說平洋龍，但與山崗龍原理相同。

築屋可保持久遠，但種樹會長高，年經歲月，樹木可能欺壓墳穴，這要小心為妙。

（四）**安龍神碑，補墳穴父母星之不足** —— 若是橫龍結穴，穴星不夠高，可安龍神碑以補救。呂師曾在造葬飛馬搖鈴穴時，雖非橫龍結地，但因穴星後靠不高，故在後面白虎方，找一地點，遠靠來龍祖山，緊貼一突出之小丘作靠，安一龍神碑，緊接來龍脈氣，立上旺向，與飛馬搖鈴穴墳碑相合。

這樣的造葬手法，就是要曾加其穴內葬者後人之壽元，巒頭理氣，互相配合。墳碑正收穴前圓金形山峰，穴地雖非上等，但以造葬手法補救它的缺陷，可增加福壽。

（五）**避卻凹風秘法** — 左或右方有凹風吹穴，古法放置空棺同葬，放於有凹風的一方，地面再種植樹木遮蔽凹風。筆者繼大師曾勘察一地，墳碑白虎後方高處有少許凹風，雖然位置不低，並非直接吹到墳頭。

然而地師為了慎重起見，除立取旺向外，他於接近墳碑白虎後方建築矮牆，牆壁邊植矮樹，擋去凹風。葬後其後代有一男孫，一年內連升三級，一大証驗也。

以上五點口訣，屬於修補吉穴瑕疵的秘法，古書少有論及，今筆者繼大師公開其秘，期望有緣者得知，能造福人們，善莫大焉！

《本篇完》

後記——風水秘義

繼大師

於一九九九年度尾（己丑年）至今（二〇〇二年四月），筆者馬不停蹄地努力寫作，將己所學筆錄於書，在百多篇文章中，將其分類，並把風水巒頭之實際經驗，根據次序，輯錄成書，其中有五篇文章曾在《新玄機》月刊中登出，而其中又有三篇在《新玄機》之網上登錄，相信對風水根本理論之傳播，有一定影響；在重輯是書時，為求詳盡，其中內容又增加了不少篇幅。

風水學問，博大精深，浩瀚如海，其基礎功夫，應以形勢為主，此即「巒頭功夫」，影響深遠，與「立向」功夫，尤如雙翼，缺一不可，立向功夫即是理氣部份。至於穴上收山出煞（即穴上收取吉峯旺氣及穴前修造拜台之人工出水口，或吉穴前方大局的天然水口。）亦是風水理氣部份，派別眾多，各說不一。

古法以三元、三合為主流，而三元元空派宗師蔣大鴻先生曾著《平砂玉尺辨偽》以斥三合之非，而三合家福建賴樹棠先生在宣統元年（一九〇九年己酉年）著《地理仁孝一助》反駁蔣氏之說，而近代又流行「沈氏玄空學」，聲稱得悟蔣氏三元玄空學真傳，此三派漸成現代風水理氣學派之主流。

由於風水理氣門派眾多，往往令初學者無所適從；至於風水巒頭功夫，古法以尋龍點穴為首，結穴有陰墳及陽居穴地，但總以得地氣為重，若無地氣，就算立最好向度，總歸敗絕。這些觀念，是恩師呂克明先生在風水學上對同門及筆者心傳口授之理念；故此巒頭學問甚為重要，筆者將過往在風水巒頭學問上之經驗寫成多篇文章，輯錄成書，以饗讀者。由於是書多是師傳之秘法，故取名為：

《風水秘義》

內容實與「風水巒頭古法」互相吻合，古籍記載之古法，文字艱深難讀，今是書多引經據典，依照古法，用現代語法演繹，加上插圖相片，將古圖重繪，圖文並茂；務使讀者易於理解，筆者繼大師又用事例解說古人經典風水之著作。

正如在**《論祖先墳穴之影響力》**——**《宮位衰盛看法》**一文中，就以事例解說楊公著之《疑龍經之三》，書內之**《如何撰寫碑文》**，是前無古人之作！可謂天機盡洩。在此，希望好研此道者，人手一冊，更可作為收藏！寫一偈曰：

風水巒頭。法傳悠久。
承師秘義。但願長流。

《本篇完》

榮光園有限公司出版 —— 繼大師著作目錄：

已出版：正五行擇日系列 — 一《正五行擇日精義初階》二《正五行擇日精義中階》

風水巒頭系列 — 三《龍法精義初階》四《龍法精義高階》

正五行擇日系列 — 五《正五行擇日精義進階》六《正五行擇日秘法心要》七《紫白精義全書初階》八《紫白精義全書高階》九《正五行擇日精義高階》十《擇日風水問答錄》

風水巒頭系列 — 十一《砂法精義一》 十二《砂法精義二》

以下是線裝書系列：擇日風水系列 — 十三《擇日風水尅應》 十四《風水謬論辨正》

風水古籍註解系列 — 十五《三元地理辨惑》馬泰青著 繼大師標點校對

十六《三元地理辨惑白話真解》馬泰青著 繼大師意譯及註解

風水巒頭系列 — 十七《大都會風水秘典》 十八《大陽居風水秘典》

三元卦理系列 — 十九《元空真秘》原著及註解上下冊（全套共三冊）劉仙舫著 繼大師註解

風水祖師史傳系列 — 二十《風水祖師蔣大鴻史傳》 **三元易盤卦理系列** — 廿一《地理辨正疏》蔣大鴻註及傳姜垚註 張心言疏 繼大師註解（全套共上下兩冊） 廿二《地理辨正精華錄》

大地遊踪系列 — 廿三《大地風水遊踪》 廿四《大地風水神異》
廿五《大地風水傳奇》與 廿六《風水巒頭精義》限量修訂版套裝（廿五與廿六全套共二冊）

正五行擇日系列 — 廿七《正五行擇日精義深造》

風水古籍註解系列 — 廿八《千金賦說文圖解》—（穴法真秘）— 劉若谷著 繼大師註解

風水巒頭系列 — 廿九《都會陽居風水精義》 卅《水法精義》

正五行擇日系列 — 卅一《正五行擇日尅應精解》

大地遊踪系列 — 卅二《風水祕義》 卅三《穴法精義》

未出版：

風水祖師史傳系列 — 卅四《風水明師史傳》

大地遊踪系列 — 卅五《風水靈穴釋義》 卅六《大地墳穴風水》 卅七《香港風水穴地》

卅八《廟宇風水傳奇》 卅九《香港廟宇風水》

四十《港澳廟宇風水》 四十一《中國廟宇風水》

三元卦理系列 — 四十二《三元地理命卦精解》

風水古籍註解系列 — 繼大師註解 四十三《青烏經暨風水口義釋義註譯》

四十四《管號詩括暨葬書釋義註解》 四十五《管氏指蒙雜錄釋義註解》

四十六《雪心賦圖文解義》（全四冊）

榮光園有限公司簡介

榮光園以發揚中華五術為宗旨的文化地方，以出版繼大師所著作的五術書籍為主，首以風水學，次為擇日學。

風水學以三元易卦風水為主，以楊筠松、蔣大鴻、張心言等風水明師為理氣之宗，以巒頭（形勢）為用，擇日以楊筠松祖師的正五行造命擇日法為主。

為闡明中國風水學問，用中國畫的技法劃出山巒，以表達風水上之龍、穴、砂及水的結構，以國畫形式出版，亦將會出版中國經典風水古籍，加上插圖及註解去重新演繹其神韻。

日後榮光園若有新的發展構思，定當向各讀者介紹。

作者簡介

出生於香港的繼大師，年青時熱愛於宗教、五術及音樂藝術，一九八七至一九九六年間，隨呂克明先生學習三元陰陽二宅風水及正五行擇日等學問，於八九年拜師入其門下。

《風水秘義》 繼大師著

出版社：榮光園有限公司 Wing Kwong Yuen Limited
香港新界葵涌大連排道35 - 41號, 金基工業大厦12字樓D室
Flat D, 12/F, Gold King Industrial Bldg. , 35-41 Tai Lin Pai Rd,
Kwai Chung, N.T., Hong Kong
電話：(852) 6850 1109
電郵：wingkwongyuen@gmail.com
發行：聯合新零售(香港)有限公司 SUP RETAIL (HONG KONG) LIMITED
地址：香港新界荃灣德士古道220～248號荃灣工業中心16樓
16/F, Tsuen Wan Industrial Centre, 220-248 Texaco Road, Tsuen Wan, NT, Hong Kong
電話：(852) 2150 2100
電郵：info@suplogistics.com.hk
印刷：榮光園有限公司 Wing Kwong Yuen Limited

作者：繼大師
繼大師電郵：masterskaitai@gmail.com
繼大師網誌：kaitaimasters.blogspot.hk

ISBN: 978-988-76826-4-6

《風水秘義》 繼大師著

定價：HK$ 600-

版次：2023年11月第一次版

ISNB 978-988-76826-4-6

9 789887 682646